Okusne testenine iz Italije

Recepti za preproste in okusne testenine ter nasveti za izbiro najboljših sestavin

Sara Fabiani

VSEBINA

Linguine s kremno lešnikovo omako 8

Metuljčki z Amarettijem 10

Ocvrti jajčni špageti, Salerno 12

Špinača in krompirjevi njoki 14

Morski njoki s paradižnikovo in oljčno omako 18

Zeleni njoki z rožnato omako 22

Zdrobovi njoki 25

Abruške kruhove mesne kroglice 27

Palačinke, polnjene z rikoto 30

Abruška palačinka in gobova tembala 33

Ročno izdelani špageti s toskansko mesno omako 37

Pici s česnom in kruhovimi drobtinami 40

Zdrobovo testo za testenine 42

Cavatelli z Ragujem 44

Cavatelli s kalamari in žafranom 46

Cavatelli z rukolo in paradižnikom 49

Orecchiette s prašičjim ragujem 51

Orecchiette z brokolijem Rabe 53

Orecchiette iz cvetače in paradižnika 55

Orecchiette s hrenovkami in zeljem 57

Orecchiette z mečarico	59
Bela rižota	67
Rižota z žafranom, po milansko	70
rižota s šparglji	73
Rižota z rdečo papriko	76
Rižota s paradižnikom in rukolo	79
Rižota z rdečim vinom in radičem	82
Kremna cvetačna rižota	85
limonina rižota	88
špinačna rižota	90
Rižota z zlatimi bučkami	93
Beneška rižota z grahom	95
Spomladanska rižota	97
Paradižnik in rižota Fontina	100
Rižota s kozicami in zeleno	102
Rižota s "Sadeži morja"	106
Rižota "Morje in gore".	109
Črna rižota	111
Hrustljave palačinke iz rižote	115
Polnjen riž Timbale	117
Riž in fižol, na beneški način	124
sardinski riž	126

polenta 128

Kremna polenta 130

Polenta z ragujem 131

Polenta Crostini, na tri načine 132

Sendviči s polento 135

Polenta s tremi siri 137

Polenta z gorgonzolo in maskarponejem 139

cvetni prah gob 141

Ajdova in koruzna polenta 143

Pečena polenta s sirom 145

Pečena hrenovka Ragu s polento 147

Polenta "V verigah" 149

Solata Farro 151

Farro, slog Amatrice 154

Farro, paradižnik in sir 156

Orzotto s kozicami in ječmenom 158

Orzotto iz ječmena in zelenjave 160

Pršut in jajce 162

Pečeni šparglji z jajcem 165

Jajce v čiščenju 167

Jajca v paradižnikovi omaki, predjed 169

Jajca v stilu Piemonta 171

Florentinsko jajce 173

Pečeno jajce s krompirjem in sirom 175

Poper in jajce 177

Krompir in jajca 179

Zmešajte gobe in jajca 182

Fritata s čebulo in rukolo 184

Fritata iz bučk in bazilike 187

Fritata s sto zelišči 189

Špinačna fritaja 191

Gobe in Fontina Frittata 194

Neapeljski špageti fritaja 196

Fritata iz testenin 198

Majhne omlete 200

Fritata z rikoto in bučnimi cvetovi 202

Omletni trakovi s paradižnikovo omako 204

Olive Crumb Sea Bass 207

Gobovi brancin 209

Kalkanski file z oljčno pasto in paradižnikom 211

kuhana trska 212

Linguine s kremno lešnikovo omako

Linguine con Salsa di Noci

Za 4 do 6 obrokov

Moja prijateljica Pauline Wasserman je naletela na ta recept med potovanjem po Piemontu in mi ga dala pred nekaj leti. Oreščki dajo testeninam bogat okus, medtem ko jih rikota ohranja kremaste in vlažne. Postrežem z dolcetom, lahkim, suhim rdečim vinom iz Piemonta.

eno/2 skodelice orehov

2 žlici pinjol

4 žlice nesoljenega masla

1 majhen strok česna, zelo drobno sesekljan

1 žlica sesekljanega svežega ploščatega peteršilja

eno/4 skodelice cele ali delno posnete rikote, mascarponeja ali smetane

Sol

1 funt linguina

eno/2 skodelice sveže naribanega parmigiano-reggiana

eno. Orehe in pinjole dajte v kuhinjski robot ali mešalnik. Oreščke zmeljemo do finega. (Ne pretiravajte s pasto.)

2. V srednje veliki ponvi na srednjem ognju stopite maslo. Dodamo česen in peteršilj ter kuhamo 1 minuto. Vmešajte arašide in rikoto. Mešajte, da se premeša in segrejte.

3. Medtem zavrite približno 4 litre vode v veliki kozici. Dodajte 2 žlici soli, nato pa testenine nežno potisnite navzdol, dokler niso popolnoma prekrite z vodo. Dobro premešajte. Med pogostim mešanjem kuhajte, dokler testenine niso al dente, a še vedno grizeče. Nekaj vode za kuhanje odstavimo. Izpraznite testenine.

4. V veliko segreto servirno skledo stresite testenine z omako in naribanim sirom. Če se testenine zdijo suhe, dodajte nekaj vode za kuhanje. Postrezite zdaj.

Metuljčki z Amarettijem

Farfalle con gli Amaretti

Za 4 do 6 obrokov

Ena od specialitet Lombardije so testenine s svežim jajcem, polnjene z zimsko bučo in zdrobljenimi amaretti, hrustljavi mandljevi piškoti (Zimski bučni ravioli z maslom in mandlji). Opran v stopljenem maslu in potresen s slanim in oreščkovim parmigianom je kombinacija okusov najbolj nenavadna in nepozabna. Natakar v majhni tratoriji v Cremoni je rekel, da je ta preprosti recept s suhimi testeninami navdihnila ta dovršena jed.

Če so vaše rozine suhe, jih dodajte v vrelo vodo za testenine, tik preden jih odcedite, da postanejo debele.

Sol

1 funt farfalle

1 palčka nesoljenega masla, stopljenega

12 do 16 amaretti piškotov, zdrobljenih (približno 1/2 skodelice drobtin)

eno/3 skodelice zlatih rozin

1 skodelica naribanega parmigiano-reggiana

eno. V veliki kozici zavrite vsaj 4 litre vode. Dodajte 2 žlici soli in nato testenine. Dobro premešajte. Kuhajte na močnem ognju in pogosto mešajte, dokler testenine niso al dente, mehke, a čvrste na ugriz. Nekaj vode za kuhanje odstavimo. Izpraznite testenine.

2. V veliko vročo servirno skledo dajte maslo. Dodajte testenine in jih potresite s piškotnimi drobtinami in rozinami. Dodajte sir in ponovno premešajte. Če se testenine zdijo suhe, dodajte nekaj vode za kuhanje. Postrezite toplo.

Ocvrti jajčni špageti, Salerno

Spaghetti con l'Uuovo Fritto alla Salernitana

Za 2 porciji

Čeprav sem že slišala za ta recept iz okolice Neaplja, ga nisem nikoli poskusila pripraviti, dokler se nekega dne nisem zdela, da nimam kaj početi doma zase in za moža. Je preprost in prijeten in ga lahko postrežemo celo za malico. Jajca je treba kuhati toliko časa, da so beljaki čvrsti, rumenjaki pa še mehki. Sestavine za ta recept bodo služile za dva, vendar jih lahko po potrebi podvojite ali potrojite.

4 unče špagetov ali lingvin

Sol

2 žlici oljčnega olja

4 jajca

eno/2 skodelice sveže naribanega Pecorina Romana

Sveže mleti črni poper

eno. V veliki kozici zavrite vsaj 4 litre vode. Dodajte 2 žlici soli, nato pa testenine nežno potisnite navzdol, dokler niso popolnoma prekrite z vodo. Dobro premešajte. Kuhajte na močnem ognju in pogosto mešajte.

2.V veliki ponvi na srednjem ognju segrejte olje. Dodamo jajca, jih potresemo s soljo in poprom. Kuhamo toliko časa, da so beljaki čvrsti, rumenjaki pa še mehki.

3.Testenine odcedimo, nekaj vode za kuhanje prihranimo. Testenine premešajte s sirom in 2 do 3 žlicami vode.

4.Testenine razdelite na 2 servirna krožnika. V vsakega damo po dve jajci in takoj postrežemo.

Špinača in krompirjevi njoki

Gnocchi di Patate in Spinaci

Za 6 obrokov

K enolončnici ali pečenki včasih rada postrežem njoke, čeprav jih v Italiji redko delajo. Lepo vpijejo omako in naredijo lepo spremembo pire krompirja ali polente. Poskusite te njoke (brez omake in sira) kot prilogo. <u>Enolončnica z volovskim repom na rimski način</u>oz<u>Goveja enolončnica po furlansko</u>.

1 1/2 funta pečenega krompirja

1 (10 unč) vrečka špinače, narezana

Sol

2 skodelici večnamenske moke in še več za oblikovanje njokov

1 veliko jajce, pretepljeno

^{1/2 skodelice}<u>Omaka iz masla in žajblja</u>

1 skodelica sveže naribanega parmigiano-reggiana

eno. Postavite v velik lonec s hladno vodo, da prekrije krompir. Lonec pokrijemo in pustimo, da zavre. Pečemo približno 20 minut, dokler se krompir ne zmehča, ko ga prebodemo z nožem.

2. Špinačo dajte v veliko ponev s 1/2 skodelice vode in solite po okusu. Pokrijte in kuhajte, dokler se špinača ne zmehča, približno 2 do 3 minute. Špinačo odcedimo in ohladimo. Špinačo položite na brisačo in iz nje iztisnite tekočino. Špinačo zelo drobno sesekljajte.

3. Ko je krompir vroč, ga olupimo in narežemo na kocke. Krompir pretlačite ročno z najmanjšimi luknjicami kuhalnika riža ali mlinčka za hrano ali s tlačilko za krompir. Dodamo špinačo, jajce in 2 žlički soli. Vmešajte 1 1/2 skodelice moke, dokler se ne zmeša. Testo bo trdo.

4. Krompir postrgamo na pomokano površino. Na kratko pregnetite, iz preostale moke po potrebi vmesite mehko testo, le toliko, da njoki kuhani obdržijo obliko, vendar ne pretežko. Testo mora biti rahlo lepljivo. Če ste v dvomih, zavrite vodo v majhni kozici in pustite kos testa kot test. Kuhamo toliko časa, da njok privre na površje. Če testo začne razpadati, dodamo še moko. Sicer pa je testo v redu.

5. Testo za trenutek odstavimo. Postrgajte desko, da odstranite morebitne ostanke testa. Umijte in posušite roke, nato jih potresite z moko. Položimo en ali dva večja pekača in jih potresemo z moko.

6. Testo razrežemo na 8 kosov. Preostalo testo pustite pokrito in razvaljajte en kos v dolgo vrvico, debelo približno 3/4 palca. Vrvico narežite na 1/2-palčne nuggets.

7. Če želite oblikovati testo, ga držite v eni roki z vilicami obrnjenimi navzdol. S palcem druge roke zavijte vsak kos testa za vilice in rahlo pritisnite, da na eni strani naredite izbokline, na drugi pa vdolbine. Njoke razporedimo po pripravljenih pekačih. Deli se ne smejo dotikati drug drugega. Ponovite s preostalim testom.

8. Hladite njoke, dokler niso pripravljeni za kuhanje. (Njoke lahko tudi zamrznete. Pekače postavite v zamrzovalnik za eno uro ali dokler se ne strdijo. Njoke položite v veliko, trdno plastično vrečko. Zamrznite za največ en mesec. Ne odtajajte jih pred kuhanjem.)

9. Pripravite omako. Za kuhanje njokov zavrite velik lonec vode. Solimo po okusu. Zmanjšajte ogenj, da voda rahlo zavre. V vodo spustimo približno polovico njokov. Ko njoki privrejo na površje, jih kuhamo približno 30 sekund. Njoke z rešetkasto žlico poberemo iz lonca in kose dobro odcedimo.

10. Pripravimo segret plitek servirni krožnik. V skledo vlijemo tanko plast pekoče omake. Dodamo njoke in rahlo premešamo. Na enak način skuhamo preostale njoke. Prelijemo še omako in potresemo sir. Postrezite toplo.

Morski njoki s paradižnikovo in oljčno omako

Gnocchi di Pesce con Salsa di Olive

Za 6 obrokov

Na Siciliji krompirjeve njoke včasih začinijo s kakšno nežno ribo. Postrežem jih s pikantno paradižnikovo omako, okusna pa bi bila tudi omaka z maslom in zelišči. V teh makaronih ni potrebe po siru.

1 funt pečenega krompirja

eno/4 skodelice oljčnega olja

1 majhna čebula, drobno sesekljana

1 strok česna

12 unč fileja fileja ali druge nežne bele ribe, narezane na 2-palčne kose

eno/2 kozarca suhega belega vina

Sol in sveže mlet črni poper

1 veliko jajce, pretepljeno

Približno 2 skodelici večnamenske moke

SOS

¹/4 skodelice oljčnega olja

1 zelena čebula, sesekljana

2 fileja inčunov

1 žlica paste iz črnih oliv

2 skodelici olupljenih, semen in narezanih svežih paradižnikov ali konzerviranih uvoženih italijanskih paradižnikov, odcejenih in sesekljanih

2 žlici sesekljanega svežega ploščatega peteršilja

Sol in sveže mlet črni poper

1. Krompir položite v lonec z vodo, ki je dovolj hladna, da ga pokrije. Zavremo in kuhamo, dokler se zelo ne zmehča, ko ga prebodemo z nožem. Precedite in pustite, da se ohladi.

2. V srednje veliki ponvi kuhajte čebulo in česen na oljčnem olju na zmernem ognju 5 minut, dokler se čebula ne zmehča. Dodajte ribe in kuhajte 1 minuto. Dodamo vino, sol in poper po okusu. Kuhajte približno 5 minut, dokler se riba ne zmehča in tekočina večinoma izhlapi. Pustite, da se ohladi, nato pa vsebino ponve strgajte v kuhinjski robot ali mešalnik. Pire do gladkega.

3. Velike pekače obložite s folijo ali plastično folijo. Krompir prestavite skozi mlinček za meso ali hrano v veliko skledo.

Dodajte ribji pire in jajce. Postopoma dodajamo moko in sol, da dobimo rahlo lepljivo testo. Na kratko gnetite, dokler ni gladka in dobro premešana.

4.Testo razdelimo na 6 delov. Preostalo testo pustite pokrito in razvaljajte en kos v dolgo vrvico, debelo približno 3/4 palca. Vrvico narežite na 1/2 palca dolge ingote.

5.Če želite oblikovati testo, ga držite v eni roki z vilicami obrnjenimi navzdol. S palcem druge roke zavijte vsak kos testa za vilice in rahlo pritisnite, da na eni strani naredite izbokline, na drugi pa vdolbine. Njoke razporedimo po pripravljenih pekačih. Deli se ne smejo dotikati drug drugega. Ponovite s preostalim testom.

6.Hladite njoke, dokler niso pripravljeni za kuhanje. (Njoke lahko tudi zamrznete. Pekače postavite v zamrzovalnik za eno uro ali dokler se ne strdijo. Njoke položite v veliko, trdno plastično vrečko. Zamrznite za največ 1 mesec. Pred kuhanjem jih ne odtajajte.)

7.Za omako v veliki ponvi zmešajte olje s čebulo. Dodamo fileje inčunov in kuhamo približno 2 minuti, dokler se inčuni ne stopijo. Zmešajte olivno pasto, paradižnik in peteršilj. Solimo in popramo ter kuhamo 8 do 10 minut, da se paradižnikov sok rahlo zgosti. Polovico omake dajte v veliko vročo servirno skledo.

8. Pripravite njoke: V velikem loncu zavrite vodo. Solimo po okusu. Zmanjšajte ogenj, da voda rahlo zavre. V vodo spustimo približno polovico njokov. Ko njoki privrejo na površje, jih kuhamo približno 30 sekund. Njoke z rešetkasto žlico poberemo iz lonca in kose dobro odcedimo. Njoke preložimo na servirni krožnik. Na enak način skuhamo preostale njoke. Dodamo preostalo omako in nežno premešamo. Postrezite zdaj.

Zeleni njoki z rožnato omako

Gnocchi Verdi pri Salsa Rossa

Za 6 obrokov

Te mesne kroglice sem prvič jedla v Rimu, čeprav so bolj značilne za Emilijo-Romanjo in Toskano. So lažji od krompirjevih njokov, sesekljano zelenje pa jim daje površinsko teksturo, tako da ni treba oblikovati mesnih kroglic na vilicah. Za spremembo jih poskusite pokapati.<u>Omaka iz masla in žajblja</u>.

   3 kozarci<u>roza omaka</u>

1 funt špinače brez pecljev

1 funt blitve brez stebel

$^{eno}/4$ kozarca vode

Sol

2 žlici nesoljenega masla

$^{eno}/4$ skodelice drobno sesekljane čebule

1 funt cele ali delno posnete rikote

2 veliki jajci

1 1/2 skodelice sveže naribanega parmigiano-reggiana

eno/4 žličke muškatnega oreščka

Sveže mleti črni poper

1 1/2 skodelice večnamenske moke

eno. Pripravite omako. Nato v veliki ponvi zmešajte obe zelenici, vodo in sol po okusu. Kuhajte 5 minut ali dokler ne oveni in se zmehča. Precedite in pustite, da se ohladi. Zelenje zavijte v brisačo in stisnite, da odstranite tekočino. Drobno sesekljajte.

2.V srednje veliki ponvi na srednjem ognju stopite maslo. Dodajte čebulo in med pogostim mešanjem kuhajte do zlato rjave barve, približno 10 minut.

3.V veliki skledi zmešajte rikoto, jajca, 1 skodelico parmigiana-reggiana, muškatni oreščet ter sol in poper po okusu. Dodamo čebulo in sesekljano zeleno ter dobro premešamo. Mešajte moko, dokler ni dobro premešana. Testo bo mehko.

4.Pekače obložite s pergamentom ali povoščenim papirjem. Roke navlažite s hladno vodo. Vzamemo žlico testa. Rahlo razvaljajte v 3/4-palčno kroglico. Kroglo položimo na pekač. Ponovite s preostalim testom. Pokrijte s plastično folijo in ohladite, dokler ni pripravljeno za kuhanje.

5. Zavrite vsaj 4 litre vode. Solimo po okusu. Ogenj nekoliko zmanjšajte. Po nekajkrat dodajte polovico njokov. Ko priplavajo na površje, kuhajte še 30 sekund.

6. Polovico pekoče omake preložimo na topel servirni krožnik. Njoke odstranite z žlico z režami in jih dobro odcedite. Dodajte jih na krožnik. Pokrijemo in pustimo na toplem, medtem ko na enak način skuhamo preostale njoke. Prelijemo s preostalo omako in sirom. Postrezite toplo.

Zdrobovi njoki

Romanski njoki

Za 4 do 6 obrokov

Pazite, da zdrob popolnoma skuhate s tekočino. Če je premalo kuhan, se med kuhanjem rad stopi v maso, namesto da bi ohranil obliko. A tudi če se to zgodi, bo še vedno odličnega okusa.

2 skodelici mleka

2 kozarca vode

1 skodelica drobnega zdroba

2 čajni žlički soli

4 žlice nesoljenega masla

2/3 skodelice sveže naribanega parmigiano-reggiana

2 rumenjaka

eno. V srednji ponvi segrejte mleko in 1 skodelico vode na srednjem ognju do vrenja. Zmešajte preostali 1 kozarec vode in zdrob. Mešanico postrgajte v tekočino. Dodajte sol. Ob stalnem mešanju kuhamo, dokler mešanica ne zavre. Zmanjšajte toploto na nizko in kuhajte, dobro mešajte, 20 minut ali dokler mešanica ni zelo gosta.

2. Odstavite lonec z ognja. Zmešajte 2 žlici masla in polovico sira. Rumenjake z metlico na hitro stepemo.

3. Pekač rahlo navlažimo. Zdrob stresemo na list in ga s kovinsko lopatko razporedimo na 1/2 palca debelo. Pustite, da se ohladi, nato pokrijte in postavite v hladilnik za eno uro ali do 48 ur.

4. Na sredino pečice postavite rešetko. Pečico segrejte na 400°F. Namastite pekač velikosti 13×9×2 palca.

5. V hladno vodo namočite 11/2-palčni model za piškote ali piškote. Zdrob narežemo na kolobarje in koščke položimo na pripravljen pekač, rahlo prekrivajoč.

6. V majhni kozici stopite preostali 2 žlici masla in pokapajte njoke. Potresemo s preostalim sirom. Pečemo 20 do 30 minut oziroma dokler ne postanejo zlato rjave in začnejo brbotati. Pustite, da se ohladi 5 minut, preden postrežete.

Abruške kruhove mesne kroglice

Polpette di Pane al Sugo

Za 6 do 8 obrokov

Ko sem obiskal vinsko klet Orlandi Contucci Ponno v Abrucih, sem poskusil njihovo izbiro vin, ki vključuje tako belo sorto Trebbiano d'Abruzzo kot rdečo sorto Montepulciano d'Abruzzo ter različne mešanice. Tako dobra vina si zaslužijo dobro hrano in kosilo nas ni razočaralo, še posebej mesne kroglice iz kruha, pečenega v jajčni, sirni in paradižnikovi omaki. Čeprav ga še nikoli nisem jedel, mi je majhna raziskava pokazala, da so te "brezmesne mesne kroglice" priljubljene tudi v drugih delih Italije, kot sta Kalabrija in Bazilikata.

Kuhar v kleti mi je povedal, da je mesne kroglice z mollico naredil iz kruha - skorjo so odstranili. Naredim jih s celim hlebčkom. Ker italijanski kruh, ki ga kupim pri nas, ni tako močan kot italijanski, daje skorja mesnim kroglicam dodatno strukturo.

Če jih nameravate pripraviti vnaprej, hranite mesne kroglice in omako ločeno do tik pred postrežbo, da mesne kroglice ne popijejo preveč omake.

1 12-unč kos italijanskega ali francoskega kruha (približno 8 skodelic), narezan na 1-palčne kose

2 kozarca hladne vode

3 velika jajca

1/2 skodelice naribanega Pecorina Romana in več za serviranje

1/4 skodelice sesekljanega svežega peteršilja

1 strok česna, drobno sesekljan

Rastlinsko olje za cvrtje

SOS

1 srednja čebula, drobno sesekljana

1/2 skodelice olivnega olja

2 (28 unč) pločevinki uvoženih italijanskih pelatov s sokom, narezanih

1 majhen posušen feferončino, zdrobljen ali ščepec zdrobljene rdeče paprike

Sol

6 listov sveže bazilike

eno. Kruh narežemo ali natrgamo na majhne koščke ali v sekljalniku zmeljemo v grobe drobtine. Kruh namočite v vodi 20 minut. Kruh ožemite, da odstranite odvečno vodo.

2.V veliki skledi začinite jajca, sir, peteršilj in česen s ščepcem soli in popra. Vmešajte nadrobljen kruh in dobro premešajte. Če se vam zmes zdi suha, vmešajte še eno jajce. Dobro premešajte. Zmes oblikujemo v kroglice v velikosti žogice za golf.

3.V veliko težko ponev nalijte toliko olja, da doseže globino 1/2 palca. Olje segrevajte na zmernem ognju, dokler kapljica mešanice za kruh ne zacvrči, ko jo položite v olje.

4.Dodajte kroglice v ponev in jih previdno obračajte, dokler ne zlato zapečejo z vseh strani, približno 10 minut. Kroglice odcedimo na papirnatih brisačah.

5.Za pripravo omake na oljčnem olju v veliki ponvi na zmernem ognju prepražimo čebulo, dokler se ne zmehča. Dodamo paradižnik, peperoncino in sol po okusu. Pečemo 15 minut oziroma dokler se rahlo ne zgosti.

6.Dodamo kruhove kroglice in jih namažemo z omako. Vreti še 15 minut. Potresemo z baziliko. Postrezite z dodatnim sirom.

Palačinke, polnjene z rikoto

Manicotti

Za 6 do 8 obrokov

Medtem ko mnogi kuharji za pripravo manikottov uporabljajo tulce testenin, je to neapeljski družinski recept moje mame za palačinke. Končani manikoti so veliko lažji kot s testeninami, nekateri kuharji pa menijo, da je lažje pripraviti manikote s palačinkami.

3 kozarci neapeljski ragu

krep

1 skodelica večnamenske moke

1 kozarec vode

3 jajca

eno/2 čajne žličke soli

rastlinsko olje

polnjenje

2 funta cele ali delno posnete rikote

4 unče sveže mocarele, sesekljane ali sesekljane

eno/2 skodelice sveže naribanega parmigiano-reggiana

1 veliko jajce

2 žlici sesekljanega svežega ploščatega peteršilja

Sveže mleti črni poper po okusu

ščepec soli

eno/2 skodelice sveže naribanega parmigiano-reggiana

eno. Pripravite ragù. Nato v veliki skledi zmešajte sestavine za palačinke do gladkega. Pokrijte in ohladite 30 minut ali več.

2.Na srednjem ognju segrejte 6-palčno ponev ali ponev za omleto. Pekač rahlo namažite z oljem. Z eno roko držite ponev in vlijte približno 1/3 skodelice mase za palačinke. Pekač takoj dvignemo in obrnemo, da je dno popolnoma prekrito s tanko plastjo testa. Odlijte odvečno testo. Pecite minuto oziroma dokler rob palačinke ne porjavi in se začne dvigovati od ponve. Palačinko s prsti obrnemo in rahlo popečemo še drugo stran. Pečemo še 30 sekund oziroma do rjave barve.

3. Kuhano palačinko prestavimo na jedilni krožnik. Ponovimo, iz preostalega testa naredimo palačinke in jih zložimo eno na drugo.

4. Za pripravo nadeva zmešajte vse sestavine v veliki skledi, dokler se ne združijo.

5. Nalijte tanko plast omake na 13×9×2-palčni pekač. Za nadev palačink na eno stran palačinke po dolžini položite približno 1/4 skodelice nadeva. Krep zvijemo v valj in položimo na pekač z robovi navzdol. Nadaljujte s polnjenjem in zvijanjem preostalih palačink, ki jih približate skupaj. Z žlico prelijte dodatno omako. Potresemo s sirom.

6. Na sredino pečice postavite rešetko. Pečico segrejte na 350°F. Pečemo 30 do 45 minut ali dokler omaka ne začne brbotati in so manikoti topli. Postrezite toplo.

Abruška palačinka in gobova tembala

Timballo di Scrippelle

Za 8 obrokov

Prijateljica, katere babica prihaja iz Terama v regiji Abruci, bi se spomnila okusne enolončnice iz palačink z gobami in sirom, ki jo je njena babica pripravila za praznike. Tukaj je različica te jedi, ki sem jo priredil po knjigi Slow Food Editore Ricette di Osterie d'Italia. Po knjigi so palačinke pridobljene iz dovršenih pripravkov palačink, ki so jih francoski kuharji na tem območju uvedli v sedemnajstem stoletju.

    2 1/2 skodelice <u>Toskanska paradižnikova omaka</u>

krep

5 velikih jajc

1 1/2 skodelice vode

1 čajna žlička soli

1 1/2 skodelice večnamenske moke

Rastlinsko olje za cvrtje

polnjenje

1 skodelica posušenih gob

1 skodelica tople vode

¹/4 skodelice oljčnega olja

1 funt svežih belih gob, opranih in narezanih na debele rezine

1 strok česna, drobno sesekljan

2 žlici svežega ploščatega peteršilja

Sol in sveže mlet črni poper

12 unč sveže mocarele, narezane in natrgane na 1-palčne kose

1 skodelica sveže naribanega parmigiano-reggiana

eno. Pripravite paradižnikovo omako. V veliki skledi zmešajte sestavine za palačinke, dokler niso gladke. Pokrijte in ohladite 30 minut ali več.

2. Na srednjem ognju segrejte 6-palčno ponev ali ponev za omleto. Pekač rahlo namažite z oljem. Z eno roko držite ponev in vlijte približno 1/3 skodelice mase za palačinke. Pekač takoj dvignemo in obrnemo, da je dno popolnoma prekrito s tanko plastjo testa. Odlijte odvečno testo. Pecite 1 minuto oziroma dokler rob palačinke ne porjavi in se začne dvigovati od ponve. Palačinko s prsti obrnemo in rahlo popečemo še drugo stran. Pečemo še 30 sekund oziroma do rjave barve.

3.Kuhano palačinko prestavimo na jedilni krožnik. Ponovite pripravo palačink s preostalim testom in jih zložite eno na drugo.

4.Za nadev posušene gobe za 30 minut namočimo v vodi. Odstranite gobe in prihranite tekočino. Gobe splaknite pod hladno tekočo vodo, pri tem pa bodite pozorni predvsem na konce stebel, kjer se je nabrala zemlja. Gobe grobo nasekljajte. Gobjo tekočino precedite skozi papirnati filter za kavo v skledo.

5.V veliki ponvi segrejte olje. Dodajte gobe. Med pogostim mešanjem kuhajte 10 minut, dokler gobe niso zlato rjave barve. Dodamo česen, peteršilj ter sol in poper po okusu. Kuhajte, dokler česen ne zlate barve, še približno 2 minuti. Primešamo posušene gobe in njihovo tekočino. Kuhajte 5 minut oziroma dokler večina tekočine ne izhlapi.

6.Na sredino pečice postavite rešetko. Pečico segrejte na 375°F. V 13×9×2-palčni pekač dajte tanko plast paradižnikove omake. Naredite plast palačink, ki se rahlo prekrivajo. Sledi plast gob, mocarele, omake in sira. Ponovite nanos plasti in končajte s palačinkami, omako in naribanim sirom.

7. Pečemo 45 do 60 minut ali dokler omaka ne začne brbotati. Pred serviranjem pustite počivati 10 minut. Narežemo na kvadrate in postrežemo vroče.

Ročno izdelani špageti s toskansko mesno omako

Slika al Ragu

Za 6 obrokov

Prežvečene ročno izdelane testenine so priljubljene v Toskani in delih Umbrije in so pogosto začinjene z mesnim ragujem. Testenine se imenujejo pici ali pinci in izhajajo iz besede appicciata, kar pomeni "iztegnjena roka".

Tega sem se naučil v restavraciji La Chiusa v Montefollonicu, kjer je kuhar prišel k vsaki mizi in gostom na kratko pokazal, kako se pripravi. Čeprav jih je zelo enostavno narediti, vzamejo veliko časa.

3 skodelice nebeljene večnamenske moke in več za oblikovanje testa

Sol

1 žlica oljčnega olja

Približno 1 kozarec vode

    6 kozarcev<u>Toskanska mesna omaka</u>

eno/2 skodelice sveže naribanega parmigiano-reggiana

eno. V veliko skledo dajte moko in 1/4 čajne žličke soli ter premešajte. Na sredino vlijemo oljčno olje. Zmes začnemo mešati s postopnim dodajanjem vode, prenehamo, ko se testo začne sestavljati in oblikujemo kroglo. Testo zvrnemo na rahlo pomokano površino in gnetemo, dokler ni gladko in elastično, približno 10 minut.

2. Testo oblikujemo v kepo. Pokrijte z obrnjeno skledo in pustite 30 minut.

3. Velik pekač potresemo z moko. Testo razdelite na štiri. Delajte s četrtino testa naenkrat, preostanek pa pustite pokrit. Odlomimo majhne koščke v velikosti lešnika.

4. Na rahlo pomokani površini z iztegnjenimi rokami razvaljajte vsak kos testa, da oblikujete tanke žice, debele približno 1/8 palca. Žice položite na pripravljen pekač z nekaj prostora med njimi. Ponovite s preostalim testom. Pustite, da se testenine približno 1 uro sušijo na prostem.

5. Medtem pripravimo omako. Nato v velikem loncu zavremo 4 litre vode. Solimo po okusu. Dodajte pici in kuhajte, dokler niso al dente, mehki, a še vedno grizeči. Testenine odcedimo in stresemo v večjo segreto skledo z omako. Potresemo s sirom in ponovno premešamo. Postrezite toplo.

Pici s česnom in kruhovimi drobtinami

Pici con le Briciole

Za 4 do 6 obrokov

Ta jed je iz La Fattoria, očarljive restavracije ob jezeru blizu etruščanskega mesta Chiusi.

1 funt<u>Ročno izdelani špageti s toskansko mesno omako</u>, koraki od 1 do 6

eno/2 skodelice olivnega olja

4 veliki stroki česna

eno/2 skodelice drobnih suhih drobtin

eno/2 skodelice sveže naribanega Pecorina Romana

eno. Pripravite testenine. V ponvi, ki je dovolj velika, da sprejme vse testenine, segrejte olje na srednje nizkem ognju. Česen rahlo zmečkamo in dodamo v ponev. Kuhajte, dokler česen ne zlate barve, približno 5 minut. Ne dovolite, da postane rjava. Česen odstranite iz ponve in vmešajte drobtine. Med pogostim mešanjem kuhajte, dokler drobtine ne porjavijo, približno 5 minut.

2. Medtem zavremo vsaj 4 litre vode. Dodajte testenine in 2 žlici soli. Dobro premešajte. Kuhajte na močnem ognju in pogosto mešajte, dokler testenine niso al dente, mehke, a čvrste na ugriz. Izpraznite testenine.

3. Testenine dodamo v ponev z drobtinami in dobro stresemo na srednji ogenj. Potresemo s sirom in ponovno premešamo. Postrezite zdaj.

Zdrobovo testo za testenine

Tehta približno 1 funt

Zdrobova moka, izdelana iz trde pšenice, se uporablja za izdelavo več vrst svežih testenin v južni Italiji, zlasti v Pugliji, Kalabriji in Basilicati. Kuhane so te testenine žvečljive in se dobro ujemajo z močnimi mesnimi in zelenjavnimi omakami. Testo je pretrdo. Čeprav je precej naporen, ga je mogoče gnetiti ročno. Za temeljito mešanje raje uporabljam kuhinjski robot ali močan mešalnik, nato pa na kratko pregnetem ročno, da zagotovim ravno pravšnjo konsistenco.

1 1/2 skodelice fine zdrobove moke

1 skodelica večnamenske moke, plus več za posip

1 čajna žlička soli

Približno 2/3 skodelice tople vode

1. **eno.** Suhe sestavine zmešajte v skledi kuhinjskega robota ali močnega stoječega mešalnika. Postopoma dodajamo vodo, da dobimo čvrsto testo, ki se ne lepi.

2. Testo zvrnemo na rahlo pomokano površino. Gnetite do gladkega, približno 2 minuti.

3. Testo pokrijemo s skledo in pustimo počivati 30 minut. Dva velika pekača potresemo z moko.

4. Testo razrežemo na 8 kosov. Delajte en kos naenkrat, preostale kose pa pokrijte z obrnjeno skledo. Na rahlo pomokani površini razvaljajte kos testa v dolgo vrvico, debelo približno 1/2 palca. Testo oblikujte v cavatelli ali orrecchiette, kot je opisano.<u>Cavatelli z Ragujem</u>Specifikacija.

Cavatelli z Ragujem

Cavatelli con Ragu

Za 6 do 8 obrokov

Trgovine in katalogi, specializirani za opremo za izdelavo testenin, pogosto prodajajo napravo za pripravo cavatelli. Izgleda kot staromoden mlin za meso. Vpneš ga na pult, z enega konca naviješ testo, obrneš ročaj in z drugega konca pride ven lepo narejen kavatelli. Kos tega testa opravi delo kratko, a se ne bi obremenjevala, če kavatellija ne bi pogosto delala.

Ko kiparite Cavatellija, delajte na lesu ali drugi površini z grobo teksturo. Hrapava površina bo držala kose testa za testenine in jim omogočila, da se bodo vlekli z nožem, namesto da bi zdrsnili, kot bi na gladkem, spolzkem pultu.

<u>Klobasa Ragu</u>or<u>Sicilijanska paradižnikova omaka</u>

1 funt<u>Zdrobovo testo za testenine</u>Pripravljeno v 4. koraku

Sol

eno. Pripravite ragu ali omako. Pripravimo 2 pomokana pekača.

2. Testo razrežite na 1/2-palčne kose. Majhno rezilo s topo in zaobljeno konico držite tako, da s kazalcem pritisnete na konico rezila. Vsak kos testa sploščite, nežno pritisnite in povlecite, da se testo okoli konice noža zvije v obliko skorje.

3. Kose razporedite po pripravljenih pekačih. Ponovite s preostalim testom. (Če Cavatellija ne boste uporabljali v eni uri, posode postavite v zamrzovalnik. Ko so kosi trdi, jih položite v plastično vrečko in dobro zaprite. Pred kuhanjem je ne odtajajte.)

4. Za kuhanje na močnem ognju zavrite štiri litre mrzle vode. Dodamo kavatelli in 2 žlici soli. Med občasnim mešanjem kuhajte, dokler testenine niso mehke, a še vedno rahlo žvečljive.

5. Cavatellis odcedimo in prelijemo v segreto servirno skledo. Prelijemo z omako. Postrezite toplo.

Cavatelli s kalamari in žafranom

Cavatelli con Sugo di Squid

Za 6 obrokov

Rahlo žvečljiva tekstura kalamarov dopolnjuje žvečljivost kavatellija v tem sodobnem sicilijanskem receptu. Od mešanice moke in olivnega olja dobi omaka gladko, žametno teksturo, od žafrana pa prijetno rumeno barvo.

1 čajna žlička žafranove niti

2 žlici tople vode

1 srednja čebula, drobno sesekljana

2 stroka česna, zelo drobno sesekljana

5 žlic oljčnega olja

1 kg očiščen lignji (lignji), narezane na 1/2-palčne kolobarje

eno/2 kozarca suhega belega vina

Sol in sveže mlet črni poper

1 žlica moke

1 funt svežih ali zamrznjenih cavatellijev

eno/4 skodelice sesekljanega svežega ploščatega peteršilja

ekstra deviško olivno olje

eno. Žafran zdrobimo v topli vodi in odstavimo.

2. V ponvi, ki je dovolj velika, da sprejme vse testenine, kuhajte čebulo in česen na 4 žlicah olja na zmernem ognju, dokler čebula ne postane rahlo zlate barve, približno 10 minut. Dodamo lignje in med mešanjem kuhamo približno 2 minuti, dokler lignji niso ravno prozorni. Dodamo vino ter sol in poper po okusu. Zavremo in kuhamo 1 minuto.

3. Zmešajte preostalo 1 žlico olja in moko. Zmes vmešamo v lignje. Zavremo. Dodamo mešanico žafrana in kuhamo še 5 minut.

4. Medtem zavremo vsaj 4 litre vode. Dodajte testenine in 2 žlici soli. Dobro premešajte. Med pogostim mešanjem kuhajte na močnem ognju, dokler testenine niso mehke, a rahlo premalo kuhane. Testenine odcedimo, nekaj vode za kuhanje prihranimo.

5. V ponvi zmešajte testenine z lignji. Če se zdi mešanica suha, dodajte nekaj prihranjene vode za kuhanje. Dodamo peteršilj in dobro premešamo. Odstranite z ognja in pokapljajte z ekstra deviškim oljčnim oljem. Postrezite zdaj.

Cavatelli z rukolo in paradižnikom

Cavatelli con Rughetta in Pomodori

Za 4 do 6 obrokov

Rukola je najbolj znana kot zelena solata, vendar jo v Pugliji pogosto kuhajo ali, kot v tem receptu, zadnji trenutek vmešajo v vroče juhe ali testenine, da ovenejo. Všeč mi je oreščkov pikanten okus, ki ga doda.

eno/4 skodelice oljčnega olja

2 stroka česna, drobno sesekljana

2 funta zrelih slivovih paradižnikov, olupljenih, brez semen in narezanih na kocke, ali pa lahko uvozite 1 (28 unč) italijanskih pelatov v lastnem soku

Sol in sveže mlet črni poper

1 funt svežih ali zamrznjenih cavatellijev

eno/2 skodelice naribane solate ricotta ali Pecorino Romano

1 velik šop rukole, obrezan in narezan na majhne koščke (približno 2 skodelici)

eno. V ponvi, ki je dovolj velika, da sprejme vse sestavine, na srednjem ognju na olju kuhajte česen, dokler ne postane rahlo zlate barve, približno 2 minuti. Dodajte paradižnik ter sol in poper po okusu. Omako zavremo in pustimo vreti približno 20 minut, da se zgosti.

2. Zavrite vsaj 4 litre vode. Dodajte testenine in sol po okusu. Dobro premešajte. Na močnem ognju med pogostim mešanjem kuhajte, dokler se testenine ne zmehčajo. Testenine odcedimo, nekaj vode za kuhanje prihranimo.

3. Testenine s polovico sira vmešamo v paradižnikovo omako. Dodamo rukolo in dobro premešamo. Če se vam testenine zdijo presuhe, dodajte nekaj prihranjene vode od kuhanja. Potresemo s preostalim sirom in takoj postrežemo.

Orecchiette s prašičjim ragujem

Orecchiette con Ragu di Maiale

Za 6 do 8 obrokov

Moja prijateljica Dora Marzovilla prihaja iz Rutigliana pri Bariju. Je izkušen izdelovalec testenin in ob opazovanju sem se veliko naučil. Dora ima posebno leseno desko za testenine, ki se uporablja samo za izdelavo testenin. Orecchiette je njena specialiteta, čeprav Dora pripravlja veliko svežih testenin za svojo družinsko newyorško restavracijo I Trulli, vključno z njoki, cavatelli, ravioli in maloreddus (sardinski žafranovi njoki).

Priprava orecchiette je zelo podobna pripravi cavatelli. Največja razlika je v tem, da imajo lupine testenin bolj odprto kupolasto obliko, nekaj podobnega prevrnjenemu frizbiju ali pa imajo v namišljeni italijanski domišljiji majhna ušesa, po čemer so tudi dobile ime.

   1 recept <u>zdrobovo testo</u>

   3 kozarci <u>Svinjski ragu s svežimi zelišči</u>

^{eno}/2 skodelice sveže naribanega Pecorina Romana

eno. Pripravite ragù in testo. Pripravimo 2 velika pekača, posuta z moko. Testo razrežite na 1/2-palčne kose. Majhno rezilo s topo in zaobljeno konico držite tako, da s kazalcem pritisnete na konico rezila. Vsak kos testa sploščimo z noževo konico, nežno pritisnemo in vlečemo, da testo oblikuje disk. Ustvarite obliko kupole tako, da vsak disk obrnete na glavo na konici palca.

2.Kose razporedite po pripravljenih pekačih. Ponovite s preostalim testom. (Če orecchiette ne boste uporabljali v 1 uri, posode postavite v zamrzovalnik. Ko so kosi trdi, jih položite v plastično vrečko in dobro zaprite. Pred kuhanjem je ne odtajajte.)

3.Zavrite vsaj 4 litre vode. Dodajte testenine in sol po okusu. Dobro premešajte. Kuhajte na močnem ognju in pogosto mešajte, dokler testenine niso al dente, mehke, a čvrste na ugriz. Testenine odcedimo, nekaj vode za kuhanje prihranimo.

4.Dodajte testenine v ragù. Dodamo sir in če se vam zdi omaka pregosta, dodamo malo vode od kuhanja in dobro premešamo. Postrezite zdaj.

Orecchiette z brokolijem Rabe

Orecchiette con Cime di Rape

Za 4 do 6 obrokov

To je tako rekoč uradna jed Apulije in okusnejše je ne boste našli nikjer. Zahteva brokoli rabe, včasih imenovan tudi rapini, čeprav se lahko uporabijo tudi zelena repa, gorčica, ohrovt ali navaden brokoli. Brokoli rabe ima dolga stebla in liste ter prijetno grenak okus, a pri kuhanju odstrani nekaj grenkobe in jo zmehča.

1 šop brokolija rabe (približno 1 1/2 funtov), narezan na 1-palčne kose

Sol

eno/3 skodelice olivnega olja

4 stroki česna

8 filejev inčunov

Ščepec zdrobljene rdeče paprike

1 funt svežega orecchiette ali cavatellija

eno. V velikem loncu zavremo vodo. Dodamo brokolijevo lupinico in sol po okusu. Brokoli kuhamo 5 minut, nato ga odcedimo. Moralo bi biti še trdno.

2. Posušite lonec. Segrejte olje s česnom na srednje nizkem ognju. Dodamo inčune in rdečo papriko. Ko česen pozlati, dodamo še brokoli. Kuhajte, dobro premešajte, da se brokoli prekrije z oljem, dokler ni zelo mehak, približno 5 minut.

3. Zavrite vsaj 4 litre vode. Dodajte testenine in sol po okusu. Dobro premešajte. Kuhajte na močnem ognju in pogosto mešajte, dokler testenine niso al dente, mehke, a čvrste na ugriz. Testenine odcedimo, nekaj vode za kuhanje prihranimo.

4. Testenine dodajte brokolijevi lupini. Med mešanjem kuhajte 1 minuto ali dokler niso testenine dobro premešane. Po potrebi dodajte nekaj vode za kuhanje.

Različica: Odstranite inčune. Testenine postrežemo potresene s sesekljanimi praženimi mandlji ali naribanim Pecorinom Romanom.

Različica: Odstranite inčune. Z 2 italijanskih klobas odstranite ovoj. Meso sesekljamo in skuhamo s česnom, feferoni in brokolijem. Postrezite posuto s Pecorinom Romano.

Orecchiette iz cvetače in paradižnika

Orecchiette con Cavolfiore in Pomodori

Za 4 do 6 obrokov

Te testenine me je naučil delati sicilijanski sorodnik, jedo pa jih tudi v Pugliji. Po želji popečene drobtine nadomestimo z naribanim sirom.

eno/3 skodelice plus 2 žlici oljčnega olja

1 strok česna, drobno sesekljan

3 funte slivovih paradižnikov, olupljenih, brez semen in narezanih na kocke, ali 1 (28 unč) uvoženih italijanskih pelatov, s sokom, narezanih na kocke

1 srednja cvetača, obrezana in narezana na cvetove

Sol in sveže mlet črni poper

3 žlice navadnih suhih drobtin

2 sardona, narezana (neobvezno)

1 funt sveže orecchiette

eno. V ponvi, ki je dovolj velika, da sprejme vse sestavine, kuhajte česen v 1/3 skodelice oljčnega olja na zmernem ognju do zlate barve. Dodajte paradižnik ter sol in poper po okusu. Zavremo in kuhamo 10 minut.

2.Zmešajte cvetačo. Pokrijte in kuhajte, občasno premešajte, dokler cvetača ni zelo mehka, približno 25 minut. S hrbtno stranjo žlice pretlačite nekaj cvetače.

3.V majhni ponvi na srednjem ognju segrejte preostali 2 žlici olja. Dodajte drobtine in inčune, če jih uporabljate. Med mešanjem kuhajte, dokler drobtine ne porjavijo in se olje vpije.

4.Zavrite vsaj 4 litre vode. Dodajte testenine in sol po okusu. Med pogostim mešanjem kuhajte, dokler testenine niso al dente, a še vedno grizeče. Testenine odcedimo, malo jih ločimo od vode za kuhanje.

5.Testenine zmešamo s paradižnikovo in cvetačno omako. Po potrebi dodajte nekaj vode za kuhanje. Potresemo z drobtinami in takoj postrežemo.

Orecchiette s hrenovkami in zeljem

Orecchiette con Salsiccia in Cavolo

Za 6 obrokov

Ko se je moja prijateljica Domenica Marzovilla vrnila s potovanja po Toskani, mi je povedala o teh testeninah, ki jih je jedla pri prijateljici. Slišalo je tako preprosto in lepo, da sem šel domov in to naredil.

2 žlici oljčnega olja

8 unč sladke svinjske klobase

8 unč vroče svinjske klobase

2 skodelici konzerviranih uvoženih italijanskih paradižnikov, odcejenih in narezanih

Sol

1 funt savojskega zelja (približno 1/2 srednje glave)

1 funt svežega orecchiette ali cavatellija

eno. V srednji ponvi segrejte olje na srednjem ognju. Dodajte klobase in jih kuhajte približno 10 minut, dokler ne porjavijo z vseh strani.

2. Dodamo paradižnik in ščepec soli. Zavremo in kuhamo, dokler se omaka ne zgosti, približno 30 minut.

3. Ohrovtu izrežemo sredico. Ohrovt narežemo na tanke trakove.

4. V velikem loncu zavremo vodo. Dodamo zelje in kuhamo 1 minuto, dokler voda ne zavre. Zelje odstranite z žlico z režami. Dobro filtrirajte. Prihranite vodo za kuhanje.

5. Klobase preložimo na desko za rezanje, omako pa pustimo v ponvi. V omako dodamo zelje; Pečemo 15 minut. Klobase na tanko narežemo.

6. Zavremo vodo in skuhamo testenine po okusu s soljo. Dobro odcedimo in prelijemo s klobaso in omako. Postrezite toplo.

Orecchiette z mečarico

Orecchiette con Pesce Spada

Za 4 do 6 obrokov

Po želji lahko namesto mečarice uporabimo tuno ali morskega psa. Soljenje jajčevca odstrani nekaj grenkobe in izboljša teksturo, vendar mnogi kuharji menijo, da je ta korak nepotreben. Jaz vedno solim, a izbira je na tebi. Jajčevce lahko skuhamo nekaj ur pred testeninami. Pred serviranjem samo 10 minut segrevajte pekač v pečici na 350 °F. Te sicilijanske testenine so nenavadne v italijanski kuhinji, saj čeprav omaka vsebuje ribo, jo dopolnjuje sir in doda bogastvo.

1 velik ali 2 majhna jajčevca (približno 1 1/2 funta)

Lovorjeva sol

Koruzno ali drugo rastlinsko olje za cvrtje

3 žlice oljčnega olja

1 velik strok česna, zelo drobno sesekljan

2 zeleni čebuli, drobno sesekljani

8 unč mečarice ali drugega sočnega ribjega zrezka (debelega približno 1/2 palca), oluščenega in narezanega na 1/2 palca velike kose

Sveže mleti črni poper po okusu

2 žlici belega vinskega kisa

2 skodelici svežih paradižnikov, olupljenih, brez semen in narezanih, ali konzerviranih uvoženih italijanskih paradižnikov, narezanih s sokom

1 čajna žlička svežih listov timijana, sesekljanih ali ščepec posušenega timijana

1 funt svežega orecchiette ali cavatellija

eno/3 skodelice sveže naribanega Pecorina Romana

eno. Jajčevec narežite na 1-palčne kocke. Kose položite v cedilo, ki ga položite na krožnik in izdatno potresete s soljo. Pustite stati od 30 minut do 1 ure. Koščke jajčevca na hitro operemo. Koščke položite na papirnate brisače in jih ožemite, dokler se ne posušijo.

2. V veliki globoki ponvi na zmernem ognju segrejte približno 1/2 palca olja. Notranjost previdno položite majhen košček jajčevca, da preizkusite olje. Če hitro zacvrči in se kuha, dodajte toliko jajčevcev, da naredite eno plast. Ne napolnite ponve. Med občasnim mešanjem kuhajte približno 5 minut, dokler jajčevci niso hrustljavi in zlato rjavi. Koščke odstranite z žlico z režami. Dobro odcedimo na papirnatih brisačah. Ponovite s preostalimi jajčevci. Postavite ga na stran.

3. V srednje veliki ponvi na srednjem ognju kuhajte olivno olje s česnom in zeleno čebulo 30 sekund. Dodajte ribe in jih začinite s soljo in poprom. Med občasnim mešanjem kuhajte, dokler riba ne postane rožnata, približno 5 minut. Dodajte kis in kuhajte 1 minuto. Dodamo paradižnik in timijan. Zavremo in kuhamo 15 minut oziroma dokler se rahlo ne zgosti.

4. Medtem v velikem loncu zavremo hladno vodo. Testenine poskusite in posolite. Kuhajte do al dente, občasno premešajte, vendar držite trdno, dokler se ne ugrizne. Dobro filtrirajte.

5. Zmešajte testenine, omako in jajčevce v veliki segreti servirni skledi. Dobro vrzi. Zmešajte sir. Postrezite toplo.

Riž, koruzni zdrob in druga žita

Med številnimi vrstami žit, ki se gojijo in uporabljajo v Italiji, sta najpogostejši riž in koruzni zdrob. Farro, kuskus in ječmen so regionalni priljubljeni, prav tako pšenične jagode.

Riž so v Italijo najprej prinesli z Bližnjega vzhoda. Še posebej dobro uspeva v severni Italiji, predvsem v pokrajinah Piemont in Emilia-Romagna.

Italijanski kuharji so zelo natančni glede vrste srednjezrnatega riža, ki ga imajo najraje, vendar so razlike med sortami lahko subtilne. Mnogi kuharji bodo izbrali eno sorto za rižoto z morskimi sadeži in drugo za rižoto z zelenjavo. Čeprav ima vsaka sorta svoje značilnosti, so pogosto preference regionalne ali preprosto tradicionalne. Riž Carnaroli dobro obdrži obliko in poskrbi za nekoliko bolj kremasto rižoto. Vialone Nano se skuha hitreje in ima blažji okus. Arborio je najbolj znan in široko dostopen, vendar je okus manj subtilen. Najboljša za rižoto z močnimi aromami. Za recepte za rižote v tej knjigi lahko uporabite katerega koli od teh treh okusov.

Koruza je relativno novo žito v Italiji. Šele po evropskem odkritju novega sveta je koruza dosegla Španijo in se od tam razširila na celotno celino. Koruzo je enostavno in poceni gojiti, zato je hitro postala razširjena. Večino gojijo za živalsko krmo, vendar se za polento običajno uporablja tako beli kot rumeni koruzni zdrob. Razen v Neaplju, kjer prodajalci včasih prodajajo koruzo na žaru kot ulično hrano, je v Italiji le redko najti koruzo v storžu. Rimljani so solatam včasih dodajali koščke koruze, ki so jih vrgli iz pločevinke, vendar je to eksotična nenavadnost.

Farro in podobna pšenici podobna žita so najpogostejša v srednji in južni Italiji, kjer jih gojijo. Farro, starodavna sorta pšenice, Italijani veljajo za zdravo hrano. Odličen je v juhah, solatah in drugih pripravkih.

Ječmen je starodavno žito, ki dobro uspeva v hladnejših predelih severa. Rimljani so svojo vojsko hranili z ječmenom in drugimi žiti. Iz nje so naredili kašo ali juho, znano kot stročnice, verjetno predhodnica polente. Danes ješprenj najdemo kuhanega kot rižoto ali dodanega juhi predvsem v severovzhodni Italiji, blizu Avstrije.

Kuskus, narejen iz trde pšenične moke, valjane v majhne kepe, je značilen za zahodno Sicilijo in je ostanek arabske vladavine regije pred stoletji. Običajno se kuha z jušno morsko ali mesno enolončnico.

RIŽ

Riž gojijo v severni Italiji v regijah Piemont in Emilia-Romagna in je osnovna hrana, ki jo pogosto jemo kot prvo jed namesto testenin ali juhe. Klasičen način kuhanja riža je kot rižota, moja ideja riža v nebesih!

Tehnika priprave rižote se morda zdi nekonvencionalna, če je še nikoli niste delali. Nobena druga kultura ne pripravlja riža tako, kot to počnejo Italijani, vendar je tehnika podobna pripravi riža, pri kateri se riž popraži in skuha ter absorbira tekočino od kuhanja. Ideja je kuhati riž, da sprosti svoj škrob in ustvari kremasto omako. Končni riž mora biti mehak, a še vedno čvrst na ugriz – al dente. Zrna bodo prevzela okuse drugih sestavin in jih bo obdala kremasta tekočina. Za najboljše rezultate je treba rižoto zaužiti takoj po kuhanju, sicer lahko postane suha in kašasta.

Rižota je najboljša doma. Malokatera restavracija si vzame toliko časa, kot ga potrebuje za kuhanje rižote, a v resnici ne traja dolgo. Pravzaprav številne restavracijske kuhinje riž delno predhodno skuhajo, nato pa ga ohladijo. Ko nekdo naroči rižoto, se riž ponovno segreje in dodajo aromatične sestavine ter tekočina za dokončanje kuhanja.

Ko razumete postopek, je priprava rižote povsem enostavna in jo lahko prilagodite številnim kombinacijam sestavin. Prvi korak pri pripravi rižote je pridobivanje prave vrste riža. Dolgozrnati riž, kot ga običajno najdemo v ZDA, ni primeren za pripravo rižote, saj nima prave vrste škroba. Srednjezrnat riž, ki se pogosto prodaja kot sorte Arborio, Carnaroli ali Vialone Nano, ima vrsto škroba, ki se sprosti iz zrn, ko jih kuhamo in pomešamo z juho ali drugo tekočino. Škrob se veže s tekočino in postane kremast.

Srednjezrnat riž, uvožen iz Italije, je široko dostopen v supermarketih. Gojijo ga tudi v Združenih državah in ga je zdaj enostavno najti.

Potrebovali boste tudi dobro piščančjo, mesno, ribjo ali zelenjavno juho. Prednostna je domača, lahko pa uporabite juho iz pločevinke (ali pločevinke). Juho iz trgovine se mi zdi premočna, da bi jo uporabil neposredno iz posode, zato jo običajno razredčim z vodo. Upoštevajte, da pakirana juha vsebuje veliko soli, razen če uporabljate različico z nizko vsebnostjo natrija, zato ustrezno prilagodite dodano sol. Bujonske kocke so zelo slane in umetnega okusa, zato jih ne uporabljam.

Bela rižota

Rižota pri Biancu

Za 4 porcije

Ta navadna bela rižota je tako preprosta in zadovoljiva kot vaniljev sladoled. Postrežemo kot prvo jed ali prilogo k pečenki. Če imate svež tartuf, ga poskusite obriti čez končano rižoto za pridih razkošja. V tem primeru morate izključiti sir.

4 kozarci Mesna voda oz piščančja juha

4 žlice nesoljenega masla

1 žlica oljčnega olja

eno/4 skodelice sesekljane šalotke ali čebule

1 1/2 skodelice srednjezrnatega riža, kot je Arborio, Carnaroli ali Vialone Nano

eno/2 kozarca suhega belega ali penečega vina

Sol in sveže mlet črni poper

eno/2 skodelice sveže naribanega parmigiano-reggiana

eno. Po potrebi pripravite vodo. Na zmernem ognju juho zavrite, nato pa ogenj zmanjšajte, da voda ostane topla. V veliki, težki kozici na srednjem ognju stopite olje in 3 žlice masla. Dodajte šalotko in kuhajte, dokler se ne zmehča, vendar ne porjavi, približno 5 minut.

2. Dodajte riž in mešajte z leseno žlico, dokler ni vroče, približno 2 minuti. Prilijemo vino in med mešanjem kuhamo, dokler večina tekočine ne izhlapi.

3. Riž prelijemo s pol kozarca juhe. Med mešanjem kuhajte, dokler se večina tekočine ne vpije. Nadaljujte z dodajanjem juhe približno 1/2 skodelice naenkrat in po vsakem dodajanju premešajte. Ogenj prilagodimo tako, da tekočina hitro povre, vendar se riž ne prime na ponev. Približno na polovici časa kuhanja dodajte sol in poper po okusu.

4. Juho uporabljajte le po potrebi, dokler riž ni mehak in varen za ugrize, rižota pa kremasta. Okusite nekaj zrn, ko mislite, da je to mogoče. Če ni pripravljen, ponovno preizkusite čez kakšno minuto. Če juha zmanjka, preden se riž zmehča, uporabite vročo vodo. Čas kuhanja bo od 18 do 20 minut.

5.Ponev za rižoto odstavimo z ognja. Vmešajte preostalo žlico masla in sir, dokler se ne stopita in postaneta kremasta. Postrezite zdaj.

Rižota z žafranom, po milansko

Milanska rižota

Za 4 do 6 obrokov

Zlata rižota z okusom žafrana je klasična milanska spremljava Ossa Buca.Telečje peclje, po milansko). Dodajanje kostnega mozga, ekstrahiranega iz velikih govejih kosti, rižoti daje bogat, mesnat okus in je tradicionalno, vendar je rižoto mogoče pripraviti tudi brez njega.

6 kozarcev piščančja juha oz Mesna voda

$^{eno}/2$ čajni žlički zdrobljene žafranove niti

4 žlice nesoljenega masla

2 žlici govejega mozga (neobvezno)

2 žlici oljčnega olja

1 majhna čebula, zelo drobno sesekljana

2 skodelici (približno 1 funt) srednjezrnatega riža, kot je Arborio, Carnaroli ali Vialone Nano

Sol in sveže mlet črni poper

eno/2 skodelice sveže naribanega parmigiano-reggiana

eno. Po potrebi pripravite vodo. Na zmernem ognju juho zavrite, nato pa ogenj zmanjšajte, da voda ostane topla. Odstranite 1/2 skodelice vode in jo dajte v majhno skledo. Dodajte žafran in pustite, da se prepoji.

2. V veliki težki ponvi na srednjem ognju segrejte 2 žlici masla, kostni mozeg, če ga uporabljate, in olje. Ko se maslo stopi, dodajte čebulo in med pogostim mešanjem kuhajte do zlato rjave barve, približno 10 minut.

3. Dodajte riž in ga med mešanjem z leseno kuhalnico kuhajte približno 2 minuti, dokler ni vroč. Dodajte 1/2 skodelice vroče juhe in mešajte, dokler se tekočina ne vpije. Nadaljujte z dodajanjem vode po 1/2 skodelice naenkrat in po vsakem dodajanju premešajte. Ogenj prilagodimo tako, da tekočina hitro povre, vendar se riž ne prime na ponev. Približno na polovici časa kuhanja vmešajte mešanico žafrana ter sol in poper po okusu.

4. Uporabite le toliko juhe, kot je potrebno, dokler riž ni mehak in varen za ugriz. Okusite nekaj zrn, ko mislite, da je to mogoče. Če ni pripravljen, ponovno preizkusite čez kakšno minuto. Če juha zmanjka, preden se riž zmehča, uporabite vročo vodo. Čas kuhanja bo od 18 do 20 minut.

5. Ponev za rižoto odstavite z ognja in vanjo vmešajte preostali 2 žlici masla in sir, dokler se ne stopita in postaneta kremasta. Postrezite zdaj.

rižota s šparglji

Rižota s šparglji

Za 6 obrokov

Pokrajina Veneto je znana po čudovitih belih špargljih z vrhovi sivke. Da bi dosegli nežno barvo, šparglje med rastjo hranimo v zaprtih prostorih, da niso izpostavljeni sončni svetlobi in ne tvorijo klorofila. Beli šparglji imajo nežen okus in so mehkejši od zelenih. Beli šparglji so idealni za to rižoto, lahko pa jih naredite tudi z navadnimi zelenimi sortami, pa bo okus še vedno zelo dober.

5 kozarcev<u>piščančja juha</u>

1 funt svežih špargljev, narezanih

4 žlice nesoljenega masla

1 majhna čebula, drobno sesekljana

2 skodelici srednjezrnatega riža, kot je Arborio, Carnaroli ali Vialone Nano

eno/2 kozarca suhega belega vina

Sol in sveže mlet črni poper

3/4 skodelice sveže naribanega parmigiano-reggiana

eno. Po potrebi pripravite vodo. Na zmernem ognju juho zavrite, nato pa ogenj zmanjšajte, da voda ostane topla. Špargljem odrežemo konce in jih postavimo na stran. Stebla narežite na 1/2-palčne rezine.

2. V veliki, težki ponvi stopite 3 žlice masla. Dodajte čebulo in kuhajte na srednjem ognju, občasno premešajte, dokler ni zelo mehka in zlata, približno 10 minut.

3. Vmešajte stebla špargljev. Med občasnim mešanjem kuhamo 5 minut.

4. Dodajte riž in ga med mešanjem z leseno kuhalnico kuhajte približno 2 minuti, dokler ni vroč. Prilijemo vino in ob stalnem mešanju kuhamo toliko časa, da tekočina izhlapi. Riž prelijemo s pol kozarca juhe. Med mešanjem kuhajte, dokler se večina tekočine ne vpije.

5. Nadaljujte z dodajanjem juhe približno 1/2 skodelice naenkrat in po vsakem dodajanju premešajte. Ogenj prilagodimo tako, da tekočina hitro povre, vendar se riž ne prime na ponev. Po približno 10 minutah vmešamo še vršičke špargljev. Začinimo s soljo in poprom. Juho uporabljajte le po potrebi, dokler riž ni mehak in varen za ugrize, rižota pa kremasta. Okusite nekaj zrn, ko mislite, da je to mogoče. Če ni pripravljen, ponovno

preizkusite čez kakšno minuto. Če juha zmanjka, preden se riž zmehča, uporabite vročo vodo. Čas kuhanja bo od 18 do 20 minut.

6. Ponev za rižoto odstavimo z ognja. Vmešajte sir in preostalo žlico masla. Pokusite po začimbah. Postrezite zdaj.

Rižota z rdečo papriko

Rižota s feferoni Rossi

Za 6 obrokov

Na vrhuncu sezone, ko se v trgovinah kopičijo živo rdeče paprike, me navdihuje, da jih uporabim na toliko načinov. Zaradi sladkega, blagega okusa in čudovite barve je vse od omlet do testenin, juh, solat in enolončnic okusnejše. To ni tradicionalen recept, vendar sem ga nekega dne našla, ko sem iskala nov način uporabe paprike. V tem receptu bi se dobro obnesla tudi rumena ali oranžna paprika.

5 kozarcev piščančja juha

3 žlice nesoljenega masla

1 žlica oljčnega olja

1 majhna čebula, drobno sesekljana

2 rdeči papriki, brez jedra in drobno narezani

2 skodelici srednjezrnatega riža, kot je Arborio, Carnaroli ali Vialone Nano

Sol in sveže mlet črni poper

eno/2 skodelice sveže naribanega parmigiano-reggiana

eno. Po potrebi pripravite vodo. Na zmernem ognju juho zavrite, nato pa ogenj zmanjšajte, da voda ostane topla. V veliki, težki kozici na srednjem ognju segrejte 2 žlici masla in olja. Ko se maslo stopi, dodamo čebulo in med pogostim mešanjem pražimo približno 10 minut. Dodamo papriko in kuhamo še 10 minut.

2.Dodajte riž in mešajte z leseno žlico, dokler ni vroče, približno 2 minuti. Dodajte 1/2 skodelice vroče juhe in mešajte, dokler se tekočina ne vpije. Nadaljujte z dodajanjem vode po 1/2 skodelice naenkrat in po vsakem dodajanju premešajte. Ogenj prilagodimo tako, da tekočina hitro povre, vendar se riž ne prime na ponev. Približno na polovici kuhanja po okusu solimo in popramo.

3.Juho uporabljajte le po potrebi, dokler riž ni mehak in varen za ugrize, rižota pa kremasta. Okusite nekaj zrn, ko mislite, da je to mogoče. Če ni pripravljen, ponovno preizkusite čez kakšno minuto. Če tekočina zmanjka, preden je riž kuhan, zaključite kuhanje z vročo vodo. Čas kuhanja bo od 18 do 20 minut.

4.Ponev za rižoto odstavimo z ognja. Vmešajte preostalo žlico masla in sir, dokler se ne stopita in postaneta kremasta. Pokusite po začimbah. Postrezite zdaj.

Rižota s paradižnikom in rukolo

Rižota s pomodori in rukolo

Za 6 obrokov

S svežim paradižnikom, baziliko in rukolo je ta rižota utelešenje poletja. To rad postrežem s hladnim belim vinom, kot je Campania's Furore proizvajalke Matilde Cuomo.

5 kozarcev piščančja juha

1 velik šop rukole, olupljen in opran

3 žlice oljčnega olja

1 majhna čebula, drobno sesekljana

2 funta zrelih paradižnikov, olupljenih, brez semen in narezanih

2 skodelici srednjezrnatega riža, kot je Arborio, Carnaroli ali Vialone Nano

Sol in sveže mlet črni poper

eno/2 skodelice sveže naribanega parmigiano-reggiana

2 žlici sesekljane sveže bazilike

1 žlica ekstra deviškega oljčnega olja

eno. Po potrebi pripravite vodo. Na zmernem ognju juho zavrite, nato pa ogenj zmanjšajte, da voda ostane topla. Liste rukole narežemo na grižljaj velike kose. Morali bi dobiti približno 2 skodelici.

2.Vlijte olje v veliko, težko ponev. Dodajte čebulo in kuhajte na zmernem ognju, občasno premešajte z leseno kuhalnico, dokler čebula ni zelo mehka in zlata, približno 10 minut.

3.Zmešajte paradižnik. Kuhajte, občasno premešajte, dokler večina vode ne izhlapi, približno 10 minut.

4.Dodajte riž in ga med mešanjem z leseno kuhalnico kuhajte približno 2 minuti, dokler ni vroč. Riž prelijemo s pol kozarca juhe. Kuhajte in mešajte, dokler se večina tekočine ne vpije.

5.Nadaljujte z dodajanjem juhe približno 1/2 skodelice naenkrat in po vsakem dodajanju premešajte. Ogenj prilagodimo tako, da tekočina hitro povre, vendar se riž ne prime na ponev. Na polovici kuhanja potresemo s soljo in poprom. Juho uporabljajte le po potrebi, dokler riž ni mehak in varen za ugrize, rižota pa kremasta. Okusite nekaj zrn, ko mislite, da je to mogoče. Če ni pripravljen, ponovno preizkusite čez kakšno minuto. Če juha zmanjka, preden se riž zmehča, uporabite vročo vodo. Čas kuhanja bo od 18 do 20 minut.

6. Ponev za rižoto odstavimo z ognja. Zmešajte sir, baziliko in žlico ekstra deviškega oljčnega olja. Pokusite po začimbah. Rukolo premešamo in takoj postrežemo.

Rižota z rdečim vinom in radičem

Rižota z radičem

Za 6 obrokov

Radič, član družine cikorije, gojijo v Benečiji. Tako kot radič, ki mu je soroden, ima radič rahlo grenak, a sladek okus. Čeprav si ga pogosto predstavljamo kot barvit dodatek k solatni skledi, Italijani pogosto skuhajo radič. Lahko ga narežemo na kolesca in spečemo na žaru ali pa liste ovijemo okoli nadeva in skuhamo kot predjed. Živahna vinsko rdeča barva se med kuhanjem spremeni v globoko mahagonijevo rjavo. To rižoto sem jedel v Il Cenacolo, restavraciji s tradicionalnimi recepti v Veroni.

5 kozarcev piščančja juha oz Mesna voda

1 srednji radič (približno 12 unč)

2 žlici oljčnega olja

2 žlici nesoljenega masla

1 majhna čebula, drobno sesekljana

eno/2 kozarca suhega rdečega vina

2 skodelici srednjezrnatega riža, kot je Arborio, Carnaroli ali Vialone Nano

Sol in sveže mlet črni poper

eno/2 skodelice sveže naribanega parmigiano-reggiana

eno. Po potrebi pripravite vodo. Na zmernem ognju juho zavrite, nato pa ogenj zmanjšajte, da voda ostane topla. Radič obrežemo in narežemo na 1/2 cm debele rezine. Narežite rezine dolge 1 cm.

2. V veliki, težki ponvi na srednjem ognju segrejte olje z 1 žlico masla. Ko se maslo stopi, dodajte čebulo in kuhajte, občasno premešajte, dokler čebula ni zelo mehka, približno 10 minut.

3. Povečajte toploto na srednjo temperaturo, vmešajte radič in kuhajte, dokler se ne stopi, približno 10 minut.

4. Zmešajte riž. Prilijemo vino in med mešanjem kuhamo, dokler se večina tekočine ne vpije. Riž prelijemo s pol kozarca juhe. Kuhajte in mešajte, dokler se večina tekočine ne vpije.

5. Nadaljujte z dodajanjem juhe približno 1/2 skodelice naenkrat in po vsakem dodajanju premešajte. Ogenj prilagodimo tako, da tekočina hitro povre, vendar se riž ne prime na ponev. Na polovici kuhanja potresemo s soljo in poprom. Juho uporabljajte le po potrebi, dokler riž ni mehak in varen za ugrize, rižota pa kremasta. Okusite nekaj zrn, ko mislite, da je to mogoče. Če ni pripravljen, ponovno preizkusite čez kakšno minuto. Če juha zmanjka, preden se riž zmehča, uporabite vročo vodo. Čas kuhanja bo od 18 do 20 minut.

6.Odstavite ponev z ognja in vanjo vmešajte preostale žlice masla in sira. Pokusite po začimbah. Postrezite zdaj.

Kremna cvetačna rižota

Rižota al Cavolfiore

Za 6 obrokov

Morda v Parmi nimate predjedi ali glavne jedi, vendar nikoli ne želite zamuditi priložnosti, da bi jedli rižoto ali testenine; vedno so neverjetno dobri. To je moja različica rižote, ki sem jo pred leti jedla v tamkajšnji odlični tratoriji La Filoma.

Ko sem prvič pripravljala to rižoto, sem imela v roki tubo paste iz belega tartufa in sem jo ob koncu kuhanja malo premešala. Okus je bil senzacionalen. Če najdete pasto s tartufi, jo poskusite.

4 kozarci piščančja juha

4 skodelice cvetače, narezane na 1/2-palčne cvetke

1 strok česna, drobno sesekljan

1 1/2 skodelice mleka

Sol

4 žlice nesoljenega masla

eno/4 skodelice drobno sesekljane čebule

2 skodelici srednjezrnatega riža, kot je Arborio, Carnaroli ali Vialone Nano

Sveže mleti črni poper

¾ skodelice sveže naribanega parmigiano-reggiana

eno. Po potrebi pripravite vodo. Na zmernem ognju juho zavrite, nato pa ogenj zmanjšajte, da voda ostane topla. V srednje veliki ponvi zmešajte cvetačo, česen, mleko in ščepec soli. Zavremo. Kuhajte, dokler večina tekočine ne izhlapi in je cvetača mehka, približno 10 minut. Naj bo ogenj zelo nizek in občasno premešamo, da se mešanica ne zapeče.

2. V veliki, težki ponvi na srednjem ognju segrejte olje z 2 žlicama masla. Ko se maslo stopi, dodajte čebulo in kuhajte, občasno premešajte, dokler čebula ni zelo mehka in zlata, približno 10 minut.

3. Dodajte riž in ga med mešanjem z leseno kuhalnico kuhajte približno 2 minuti, dokler ni vroč. Prilijte približno 1/2 skodelice juhe. Kuhajte in mešajte, dokler se večina tekočine ne vpije.

4. Med nenehnim mešanjem nadaljujte z dodajanjem juhe po 1/2 skodelice naenkrat, dokler se voda ne vpije. Ogenj prilagodimo tako, da tekočina hitro povre, vendar se riž ne prime na ponev. Približno na polovici kuhanja začinimo s soljo in poprom.

5. Ko je riž skoraj pečen, vanj vmešamo cvetačno zmes. Juho uporabljajte le po potrebi, dokler riž ni mehak in varen za ugrize, rižota pa kremasta. Okusite nekaj zrn, ko mislite, da je to mogoče. Če ni pripravljen, ponovno preizkusite čez kakšno minuto. Če juha zmanjka, preden se riž zmehča, uporabite vročo vodo. Čas kuhanja bo od 18 do 20 minut.

6. Odstranite lonec z ognja in okusite začimbe. Vmešajte preostali 2 žlici masla in sir. Postrezite zdaj.

limonina rižota

Rižota z limono

Za 6 obrokov

Sveža limonina lupinica in živahen okus soka popestrita to rižoto, ki sem jo jedla na Capriju. Sama ga kot prilogo rada postrežem z dušenimi pokrovačami ali ribami na žaru, čeprav Italijani tega redko delajo.

5 kozarcev<u>piščančja juha</u>

4 žlice nesoljenega masla

1 majhna čebula, drobno sesekljana

2 skodelici srednjezrnatega riža, kot je Arborio, Carnaroli ali Vialone Nano

Sol in sveže mlet črni poper

1 žlica svežega limoninega soka

1 čajna žlička naribane limonine lupinice

^{eno}/2 skodelice sveže naribanega parmigiano-reggiana

eno. Po potrebi pripravite vodo. Na zmernem ognju juho zavrite, nato pa ogenj zmanjšajte, da voda ostane topla. V veliki, težki kozici na srednjem ognju stopite 2 žlici masla. Dodajte čebulo in med pogostim mešanjem kuhajte do zlato rjave barve, približno 10 minut.

2.Dodajte riž in mešajte z leseno žlico, dokler ni vroče, približno 2 minuti. Dodajte 1/2 skodelice vroče juhe in mešajte, dokler se tekočina ne vpije.

3.Nadaljujte z dodajanjem vode po 1/2 skodelice naenkrat in po vsakem dodajanju premešajte. Ogenj prilagodimo tako, da tekočina hitro povre, vendar se riž ne prime na ponev. Približno na polovici časa kuhanja potresemo s soljo in poprom.

4.Juho uporabljajte le po potrebi, dokler riž ni mehak in varen za ugrize, rižota pa kremasta. Okusite nekaj zrn, ko mislite, da je to mogoče. Če ni pripravljen, ponovno preizkusite čez kakšno minuto. Če juha zmanjka, preden se riž zmehča, uporabite vročo vodo. Čas kuhanja bo od 18 do 20 minut.

5.Ponev za rižoto odstavimo z ognja. Dodajte limonin sok in lupinico, preostali 2 žlici masla in sir. Mešajte, dokler se maslo in sir ne stopita in postaneta kremasta. Pokusite po začimbah. Postrezite zdaj.

špinačna rižota

Rižota agli Spinaci

Za 6 obrokov

Če imate svežo baziliko, jo dodajte namesto peteršilja. Namesto špinače lahko uporabite drugo zelenjavo, kot sta blitva ali escarole.

5 kozarcev piščančja juha

1 funt sveže špinače, oprane in odstranjenih stebel

eno/4 kozarca vode

Sol

4 žlice nesoljenega masla

1 srednja čebula, drobno sesekljana

2 skodelici (približno 1 funt) srednjezrnatega riža, kot je Arborio, Carnaroli ali Vialone Nano

Sveže mleti črni poper

eno/4 skodelice sesekljanega svežega ploščatega peteršilja

eno/2 skodelice sveže naribanega parmigiano-reggiana

eno. Po potrebi pripravite vodo. Na zmernem ognju juho zavrite, nato pa ogenj zmanjšajte, da voda ostane topla. V veliki ponvi zmešajte špinačo, vodo in sol po okusu. Pokrijte in zavrite. Kuhajte, dokler špinača ne oveni, približno 3 minute. Špinačo odcedimo in rahlo stisnemo, da izcedimo sok. Špinačo drobno sesekljajte.

2. V veliki, težki kozici na srednjem ognju segrejte 3 žlice masla. Ko se maslo stopi, dodajte čebulo in med pogostim mešanjem kuhajte do zlato rjave barve, približno 10 minut.

3. Dodajte riž k čebuli in kuhajte, mešajte z leseno žlico, približno 2 minuti, dokler ni vroče. Dodajte 1/2 skodelice vroče juhe in mešajte, dokler se tekočina ne vpije. Nadaljujte z dodajanjem vode po 1/2 skodelice naenkrat in po vsakem dodajanju premešajte. Ogenj prilagodimo tako, da tekočina hitro povre, vendar se riž ne prime na ponev. Na polovici kuhanja vmešamo špinačo, solimo in popramo po okusu.

4. Juho uporabljajte le po potrebi, dokler riž ni mehak in varen za ugrize, rižota pa kremasta. Okusite nekaj zrn, ko mislite, da je to mogoče. Če ni pripravljen, ponovno preizkusite čez kakšno minuto. Če juha zmanjka, preden se riž zmehča, uporabite vročo vodo. Čas kuhanja bo od 18 do 20 minut.

5. Ponev za rižoto odstavimo z ognja. Vmešajte preostalo maslo in sir. Postrezite zdaj.

Rižota z zlatimi bučkami

Rižota z Zucca d'Oro

Za 4 do 6 obrokov

Na italijanskih tržnicah lahko kuharji kupijo velike rezine zimske buče za rižoto. Butternut squash je najbližje sladkemu okusu in masleni teksturi italijanskih sort. Ta rižota je specialiteta Mantove v Lombardiji.

5 kozarcev piščančja juha

4 žlice nesoljenega masla

eno/4 skodelice drobno sesekljane šalotke ali čebule

2 skodelici olupljene in na kocke narezane buče (približno 1 funt)

2 skodelici srednjezrnatega riža, kot je Arborio, Carnaroli ali Vialone Nano

eno/2 kozarca suhega belega vina

Sol in sveže mlet črni poper

eno/2 skodelice sveže naribanega parmigiano-reggiana

eno. Po potrebi pripravite vodo. Na zmernem ognju juho zavrite, nato pa ogenj zmanjšajte, da voda ostane topla. V veliki, težki kozici na srednjem ognju stopite tri žlice masla. Dodamo šalotko in med pogostim mešanjem kuhamo do zlate barve približno 5 minut.

2. Dodajte bučke in 1/2 skodelice juhe. Kuhajte, dokler juha ne izhlapi.

3. Dodajte riž in ga med mešanjem z leseno kuhalnico kuhajte približno 2 minuti, dokler ni vroč. Mešajte, dokler vino ne izhlapi.

4. Dodajte 1/2 skodelice vroče juhe in mešajte, dokler se tekočina ne vpije. Nadaljujte z dodajanjem vode po 1/2 skodelice naenkrat in po vsakem dodajanju premešajte. Ogenj prilagodimo tako, da tekočina hitro povre, vendar se riž ne prime na ponev. Na polovici kuhanja vmešamo sol in poper po okusu.

5. Juho uporabljajte le po potrebi, dokler riž ni mehak in varen za ugrize, rižota pa kremasta. Okusite nekaj zrn, ko mislite, da je to mogoče. Če ni pripravljen, ponovno preizkusite čez kakšno minuto. Če juha zmanjka, preden se riž zmehča, uporabite vročo vodo. Čas kuhanja bo od 18 do 20 minut.

6. Ponev za rižoto odstavimo z ognja. Vmešajte preostalo maslo in sir. Postrezite zdaj.

Beneška rižota z grahom

Risi in Bisi

Za 6 obrokov

V Benetkah to rižoto jedo v praznovanje prihoda pomladi in prve sveže zelenjave v sezoni. Benečani imajo rižoto raje kot juho, tako da če želite izvirnost, dodajte žlico juhe ali vode v pripravljeno rižoto.

6 kozarcev piščančja juha

1 srednje velika rumena čebula, drobno sesekljana

4 žlice oljčnega olja

2 skodelici srednjezrnatega riža, kot je Arborio, Carnaroli ali Vialone Nano

Sol in sveže mlet črni poper

2 skodelici oluščenega graha ali delno odmrznjenega graha

2 žlici drobno sesekljanega ploščatega peteršilja

eno/2 skodelice sveže naribanega parmigiano-reggiana

2 žlici nesoljenega masla

eno. Po potrebi pripravite vodo. Na zmernem ognju juho zavrite, nato pa ogenj zmanjšajte, da voda ostane topla. Vlijte olje v veliko, težko ponev. Dodamo čebulo in kuhamo na zmernem ognju približno 10 minut, dokler čebula ne postane mehka in zlato rjava.

2.Dodajte riž in kuhajte, mešajte z leseno žlico, dokler ni vroč, približno 2 minuti. Dodajte približno 1/2 skodelice vroče juhe in mešajte, dokler se ne vpije. Nadaljujte z dodajanjem juhe po 1/2 skodelice naenkrat in po vsakem dodajanju premešajte. Ogenj prilagodimo tako, da tekočina hitro povre, vendar se riž ne prime na ponev. Na polovici kuhanja vmešamo sol in poper po okusu.

3.Dodamo grah in peteršilj. Dodajte tekočino in nadaljujte z mešanjem. Riž mora biti mehak, a hkrati varen za ugriz, rižota pa ohlapna, nekoliko jušna. Če vam zmanjka juhe, uporabite vročo vodo. Čas kuhanja bo od 18 do 20 minut.

4.Ko riž postane mehak in trd, lonec odstavimo z ognja. Dodajte sir in maslo ter dobro premešajte. Postrezite zdaj.

Spomladanska rižota

Rižota Primavera

Za 4 do 6 obrokov

Drobna pisana zelenjava krasi to svetlo in okusno rižoto. Zelenjavo dodajamo postopoma, da se ne razkuha.

6 skodelic zelenjavne osnove ali vode

3 žlice nesoljenega masla

1 žlica oljčnega olja

1 srednja čebula, drobno sesekljana

1 majhen korenček, sesekljan

1 majhno mehko rebro zelene, sesekljano

2 skodelici srednjezrnatega riža, kot je Arborio, Carnaroli ali Vialone Nano

eno/2 skodelice svežega ali zamrznjenega graha

1 skodelica narezanih gob, katere koli vrste

6 špargljev, obrezanih in narezanih na 1/2-palčne kose

Sol in sveže mlet črni poper

1 velik paradižnik, olupljen in nasekljan

2 žlici drobno sesekljanega svežega ploščatega peteršilja

eno/2 skodelice sveže naribanega parmigiano-reggiana

eno. Po potrebi pripravite vodo. Na zmernem ognju juho zavrite, nato pa ogenj zmanjšajte, da voda ostane topla. V veliki težki ponvi na srednjem ognju zmešajte 2 žlici masla in olja. Ko se maslo stopi, dodamo čebulo in pražimo približno 10 minut do zlato rjave barve.

2. Dodamo korenček in zeleno ter kuhamo 2 minuti. Mešajte riž, dokler ni dobro obložen.

3. Prilijemo pol kozarca juhe in kuhamo ob stalnem mešanju z leseno kuhalnico, dokler voda ne izhlapi. Nadaljujte z dodajanjem 1/2 skodelice juhe naenkrat in mešajte 10 minut po vsakem dodajanju. Ogenj prilagodimo tako, da tekočina hitro povre, vendar se riž ne prime na ponev.

4. Primešamo polovico graha, gobe in šparglje. Solimo in popramo po okusu. Nadaljujte z dodajanjem juhe in mešanjem še 10 minut. Vmešajte preostale šparglje in paradižnik. Dodajte juho in mešajte, dokler riž ni čvrst in mehak, rižota pa kremasta. Okusite nekaj zrn, ko mislite, da je to mogoče. Če ni pripravljen, ponovno preizkusite čez kakšno minuto.

5. Ponev za rižoto odstavimo z ognja. Pokusite po začimbah. Vmešajte peteršilj in preostalo maslo. Zmešajte sir. Postrezite zdaj.

Paradižnik in rižota Fontina

Risotto con Pomodori in Fontina

Za 6 obrokov

Originalna Fontina Valle d'Aosta ima značilen okus po oreščkih, saden in zemeljski, za razliko od fontine, narejene drugje. Vredno je poiskati tole rižoto iz severozahodne Italije. Ta jed se dobro ujema s cvetličnim belim vinom, kot je Arneis iz bližnje regije Piemont.

5 kozarcev piščančja juha

3 žlice nesoljenega masla

1 srednja čebula, drobno sesekljana

1 skodelica olupljenih, semen in narezanih paradižnikov

2 skodelici srednjezrnatega riža, kot je Arborio, Carnaroli ali Vialone Nano

eno/2 kozarca suhega belega vina

Sol in sveže mlet črni poper

4 unče Fontina Valle d'Aosta, narezana

eno/2 skodelice sveže naribanega parmigiano-reggiana

eno. Po potrebi pripravite vodo. Na zmernem ognju juho zavrite, nato pa ogenj zmanjšajte, da voda ostane topla. V veliki težki ponvi na zmernem ognju stopite maslo. Dodajte čebulo in kuhajte, občasno premešajte, dokler se čebula ne zmehča in zlato porumeni, približno 10 minut.

2. Zmešajte paradižnik. Kuhajte približno 10 minut, dokler večina tekočine ne izhlapi.

3. Dodajte riž in kuhajte, mešajte z leseno žlico, dokler ni vroč, približno 2 minuti. Riž zalijemo z vinom in pol kozarca juhe. Kuhajte in mešajte, dokler se večina tekočine ne vpije.

4. Nadaljujte z dodajanjem juhe približno 1/2 skodelice naenkrat in po vsakem dodajanju premešajte. Ogenj prilagodimo tako, da tekočina hitro povre, vendar se riž ne prime na ponev. Približno na polovici kuhanja začinimo s soljo in poprom po okusu.

5. Juho uporabljajte le po potrebi, dokler riž ni mehak in varen za ugrize, rižota pa kremasta. Okusite nekaj zrn, ko mislite, da je to mogoče. Če ni pripravljen, ponovno preizkusite čez kakšno minuto. Če juha zmanjka, preden se riž zmehča, uporabite vročo vodo. Čas kuhanja je 18 do 20 minut.

6. Ponev za rižoto odstavimo z ognja. Zmešajte sire. Pokusite po začimbah. Postrezite zdaj.

Rižota s kozicami in zeleno

Risotto con Gamberi in Sedano

Za 6 obrokov

Številni italijanski recepti so aromatizirani s sofritom, oljem ali maslom ali včasih s kombinacijo obojega ter aromatično zelenjavo, ki lahko vključuje, a ni omejena na, čebulo, zeleno, korenje, česen in včasih zelišča. Včasih se sofritu za mesni okus doda slana svinjina ali panceta.

Kot večina italijanskih kuharjev, ki jih poznam, raje dam sestavine za soffritto v lonec naenkrat in prižgem ogenj, da se vse segreje in gladko kuha ter da imam boljši nadzor nad rezultati. Soffritto pogosto premešam, včasih ga kuham, dokler zelenjava ne oveni za blag okus ali zlato rjavo za večjo globino. Če namesto tega najprej segrejete olje ali maslo, se lahko olje zelo segreje, če je ponev tanka, je toplota nekoliko previsoka ali če ste za trenutek moteni. Potem, ko se dodajo druge arome za sofrito, zelo hitro in neenakomerno porjavijo.

Soffritto po tem receptu iz Emilije-Romanje je narejen v dveh korakih. Začne se šele z oljčnim oljem in čebulo, ker želim, da čebula spusti svoj okus v olje in nekoliko zbledi v ozadju. Druga faza je *kuhanje zelene, peteršilja in česna, tako da zelena ostane malo hrustljava in ji še vedno da okus ter doda še eno plast okusa s peteršiljem in česnom.*

Če kupite kozice v lupinah, jih shranite za pripravo okusne juhe iz kozic. Če se vam mudi, lahko kupite kozice v lupinah in uporabite samo piščančjo ali ribjo osnovo ali celo vodo.

6 skodelic domačega piščančja juha ali ribjo osnovo, kupljeno v trgovini

1 funt srednje velikih kozic

1 majhna čebula, drobno sesekljana

2 žlici oljčnega olja

1 skodelica drobno sesekljane zelene

2 stroka česna, drobno sesekljana

2 žlici sesekljanega svežega ploščatega peteršilja

2 skodelici srednjezrnatega riža, kot je Arborio, Carnaroli ali Vialone Nano

Sol in sveže mlet črni poper po okusu

1 žlica nesoljenega masla ali ekstra deviškega oljčnega olja

eno. Po potrebi pripravite vodo. Nato olupite in odstranite kozice tako, da ločite lupine. Kozico narežite na 1/2-palčne kose in odstavite. Školjke z juho dajte v večjo ponev. Zavremo in kuhamo 10 minut. Precedite juho in zavrzite lupine. Juho vrnite v ponev in jo pustite na zelo majhnem ognju.

2. V veliki, težki ponvi kuhajte čebulo na olju na zmernem ognju približno 5 minut in pogosto mešajte. Dodamo zeleno, česen in peteršilj ter kuhamo še 5 minut.

3. Zelenjavi dodajte riž in dobro premešajte, da se poveže. Dodajte 1/2 skodelice juhe in med mešanjem kuhajte, dokler se tekočina ne vpije. Nadaljujte z dodajanjem vode po 1/2 skodelice naenkrat in po vsakem dodajanju premešajte. Ogenj prilagodimo tako, da tekočina hitro povre, vendar se riž ne prime na ponev.

4. Ko je riž skoraj kuhan, vanj stresemo kozico, solimo in popramo po okusu. Uporabite le toliko juhe, kot je potrebno, dokler riž ni mehak in varen za ugrize, rižota pa vlažna in kremasta. Okusite nekaj zrn, ko mislite, da je to mogoče. Če ni pripravljen, ponovno preizkusite čez kakšno minuto. Če juha zmanjka, preden se riž zmehča, uporabite vročo vodo. Čas kuhanja je 18 do 20 minut.

5. Rižoto odstavimo s štedilnika. Dodajte maslo ali olje in mešajte, dokler se ne zmeša. Postrezite zdaj.

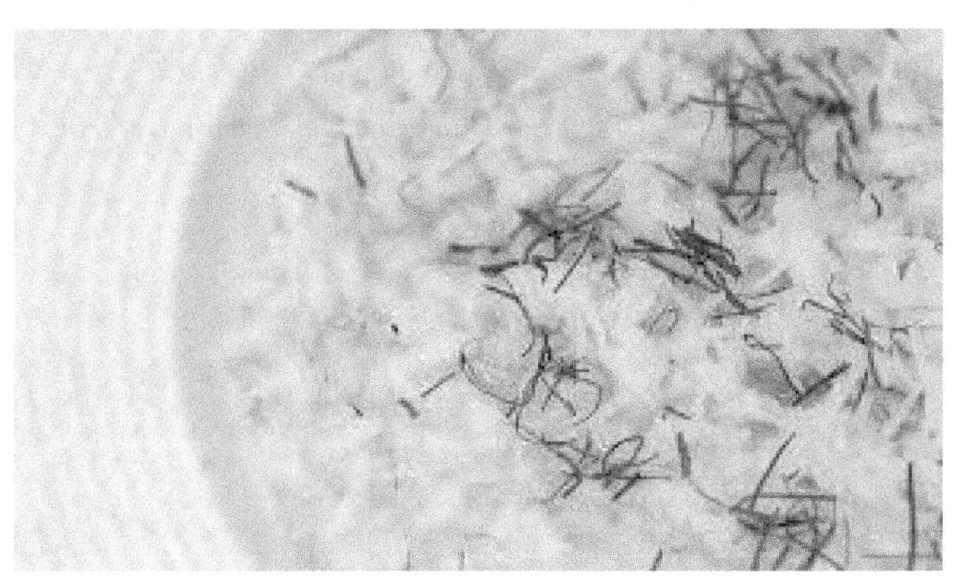

Rižota s "Sadeži morja"

Rižota s Frutti di Mare

Za 4 do 6 obrokov

Tej rižoti lahko dodate majhne ostrige ali školjke ali celo koščke čvrste ribe, kot je tuna. Kuharji v Venetu, od koder izvira ta recept, imajo najraje sorto riža Vialone Nano.

6 kozarcev piščančja juha ali vodo

6 žlic oljčnega olja

2 žlici sesekljanega svežega ploščatega peteršilja

2 velika stroka česna, drobno sesekljana

1/2 funta lignjev (lignjev), lovke narezane na 1/2-palčne kolobarje in prepolovljene vzdolž dna (glej sl. Čiščenje lignjev (lignji))

1/4 funta kozic, oluščenih in z žilami ter narezanih na 1/2-palčne kose

1/4 funta pokrovače, narezane na 1/2-palčne kose

Sol

Ščepec zdrobljene rdeče paprike

1 srednja čebula, drobno sesekljana

2 skodelici srednjezrnatega riža, kot je Arborio, Carnaroli ali Vialone Nano

eno/2 kozarca suhega belega vina

1 skodelica olupljenih, semen in narezanih paradižnikov

eno. Po potrebi pripravite vodo. V veliko in težko ponev dodajte 3 žlice olja skupaj s česnom in peteršiljem. Kuhajte na zmernem ognju, občasno premešajte, dokler česen ne postane mehak in zlate barve, približno 2 minuti. Dodajte vse morske sadeže, sol in papriko po okusu ter med mešanjem kuhajte, dokler lignji niso neprozorni, približno 5 minut.

2. Morske sadeže odstranite na krožnik z žlico z režami. V ponev dodamo piščančjo osnovo in pustimo, da zavre. Med kuhanjem rižote naj bo voda zelo nizka.

3. V veliki, težki ponvi kuhajte čebulo na preostalih 3 žlicah olja na zmernem ognju do zlate barve, približno 10 minut.

4. Dodajte riž in kuhajte, mešajte z leseno žlico, dokler ni vroč, približno 2 minuti. Primešamo vino. Kuhajte, dokler se večina tekočine ne vpije. Dodajte 1/2 skodelice vroče juhe in mešajte, dokler se tekočina ne vpije. Nadaljujte z dodajanjem vode po 1/2 skodelice naenkrat in po vsakem dodajanju premešajte. Ogenj prilagodimo tako, da tekočina hitro povre, vendar se riž ne prime na ponev. Približno na polovici kuhanja vmešamo paradižnik in solimo po okusu.

5.Juho uporabljajte le po potrebi, dokler riž ni mehak in varen za ugrize, rižota pa kremasta. Okusite nekaj zrn, ko mislite, da je to mogoče. Če ni pripravljen, ponovno preizkusite čez kakšno minuto. Če juha zmanjka, preden se riž zmehča, uporabite vročo vodo. Čas kuhanja je 18 do 20 minut.

6.V lonec dodajte morske sadeže in kuhajte še 1 minuto. Ponev za rižoto odstavimo z ognja. Postrezite zdaj.

Rižota "Morje in gore".

Rižota Maremonti

Za 6 obrokov

Ko v Italiji na jedilniku vidite izraz maremonti, ste lahko prepričani, da bo jed vsebovala morske sadeže in gobe, ki predstavljajo morje in gore. Zanimiva kombinacija v tej rižoti.

6 skodelic kupljene zelenjavne juhe ali vode

3 žlice nesoljenega masla

eno/4 skodelice drobno sesekljane šalotke

10 unč cremini ali belih gob, narezanih na tanke rezine

Sol in sveže mlet črni poper

2 skodelici srednjezrnatega riža, kot je Arborio, Carnaroli ali Vialone Nano

12 unč oluščenih kozic, narezanih na 1/2-palčne kose

eno/2 skodelice sveže naribanega parmigiano-reggiana

eno. V veliki kozici zavrite vodo na zmernem ognju, nato pa zmanjšajte ogenj, da voda ostane vroča. V veliki, težki kozici na srednjem ognju stopite 2 žlici masla. Dodajte paradižnikovo pasto in gobe. Med pogostim mešanjem kuhajte, dokler sok ne izhlapi in gobe ne začnejo porjaveti, približno 10 minut. Zmešajte s soljo in poprom po okusu.

2.Dodajte riž in ga med mešanjem z leseno kuhalnico kuhajte približno 2 minuti, dokler ni vroč. Dodajte 1/2 skodelice vroče juhe in mešajte, dokler se tekočina ne vpije. Nadaljujte z dodajanjem vode po 1/2 skodelice naenkrat in po vsakem dodajanju premešajte. Ogenj prilagodimo tako, da tekočina hitro povre, vendar se riž ne prime na ponev. Približno na polovici kuhanja stresemo kozico, solimo in popramo po okusu.

3.Juho uporabljajte le po potrebi, dokler riž ni mehak in varen za ugrize, rižota pa kremasta. Okusite nekaj zrn, ko mislite, da je to mogoče. Če ni pripravljen, ponovno preizkusite čez kakšno minuto. Če juha zmanjka, preden se riž zmehča, uporabite vročo vodo. Čas kuhanja je 18 do 20 minut.

4.Ponev za rižoto odstavimo z ognja. Vmešajte preostalo 1 žlico masla. Vmešajte sir in takoj postrezite.

Črna rižota

Risotto alle Seppie

Za 4 do 6 obrokov

V Benetkah lignji (lignji) ali črnilo sipe tradicionalno spremenijo to rižoto v kaviarju podoben odtenek črne. Večini morskih sadežev v Združenih državah pred nakupom odstranijo vrečko s črnilom, črnilo lignjev pa lahko kupite v majhnih plastičnih ovojnicah v večini trgovin z morsko hrano. Lignji in črnilo so tako okusni, da to rižoto pripravim z vodo namesto z juho, tako da nič ne pokvari okusa slanice.

6 kozarcev vode

4 žlice oljčnega olja

1 srednja čebula, drobno sesekljana

1 strok česna, drobno sesekljan

12 unč lignjev (lignjev), lovke narezane na 1/2-palčne obročke in prepolovljene vzdolž dna (glej sliko Čiščenje lignjev (lignji))

Sol in sveže mlet črni poper

1 kozarec suhega belega vina

2 skodelici srednjezrnatega riža, kot je Arborio, Carnaroli ali Vialone Nano

1 do 2 žlički črnila lignjev ali sipe (neobvezno)

1 do 2 žlici ekstra deviškega oljčnega olja

eno. V srednji ponvi zavrite vodo na zmernem ognju, nato pa zmanjšajte ogenj, da voda ostane vroča.

2. V veliko, težko ponev vlijemo 4 žlice olja. Dodajte čebulo in kuhajte na zmernem ognju, pogosto mešajte, dokler se ne zmehča in zlate barve, približno 10 minut. Dodamo lignje, sol in poper. Ponev pokrijemo in kuhamo 10 minut. Prilijemo vino in kuhamo še 1 minuto.

3. Dodajte riž in kuhajte, mešajte z leseno žlico, dokler ni vroč, približno 2 minuti. Dodajte 1/2 skodelice vroče vode in mešajte, dokler se tekočina ne vpije. Nadaljujte z dodajanjem 1/2 skodelice vode naenkrat in po vsakem dodajanju premešajte. Ogenj prilagodimo tako, da tekočina hitro povre, vendar se riž ne prime na ponev. Na polovici kuhanja vmešamo lignjevo črnilo, če ga uporabljamo, in solimo po okusu.

4. Uporabite le toliko vode, kolikor je potrebno, dokler riž ni mehak in varen za ugrize, rižota pa kremasta. Okusite nekaj zrn,

ko mislite, da je to mogoče. Če ni pripravljen, ponovno preizkusite čez kakšno minuto. Čas kuhanja je 18 do 20 minut.

5. Ponev za rižoto odstavimo z ognja. Mešajte, dokler se olje ne zmeša. Postrezite zdaj.

Hrustljave palačinke iz rižote

Rižota al Salto

Za 2 do 4 porcije

Ta zlata rižota palačinka je hrustljava zunaj in kremasta znotraj. V Milanu somunec imenujejo risotto al salto, kar pomeni "rižota z brizganjem", ker ga kuhajo na vročem maslu, zaradi česar je videti, kot da je pravkar planil iz ponve. Milanci običajno pripravijo palačinke z ostanki.<u>Rižota z žafranom, po milansko</u>Uporabljam vse vrste rižot in včasih jo naredim čisto za ta namen.

Palačinke lahko postrežete navadne, s paradižnikovo omako in posipom s sirom ali na različne načine kot osnovo za enolončnico. Lahko ga narežete na rezine za prilogo k solati ali postrežete kot predjed. Za posamezne predjedi ali prigrizke lahko naredite tudi majhne palačinke v velikosti srebrnih dolarjev.

2 skodelici hladne ostanke rižote

1 veliko jajce, pretepljeno

2 žlici nesoljenega masla

eno.V srednji skledi zmešajte rižoto in jajce, dokler se dobro ne premešata.

2.Stopite 1 žlico masla v srednji ponvi proti prijemanju na srednjem ognju. Dodamo rižoto in razporedimo z žlico. Pečemo do skorje in zlato rjave barve na dnu, približno 5 minut.

3.Palačinke obrnite na krožnik. Raztopite preostalo maslo in palačinko potisnite nazaj v ponev. S hrbtno stranjo žlice ga dobro sploščimo. Pečemo do zlate barve, še 4 do 5 minut.

4.Palačinko potisnite na krožnik. Narežemo na rezine in vroče postrežemo.

Polnjen riž Timbale

Sartu di Riso

Za 8 do 10 obrokov

Riž ni pogosta sestavina neapeljske kuhinje, vendar je ta jed ena izmed klasik te regije. Domneva se, da ima svoje korenine v aristokratskih kuhinjah, ki so jih vodili v Franciji izurjeni kuharji, ko je bil Neapelj glavno mesto Kraljevine obeh Sicilij.

Danes ga pripravljajo za posebne priložnosti in jedel sem celo sodobne različice, narejene v kalupih posamezne velikosti.

To je čudovita vrsta jedi, ki bi bila idealna za zabavo. Drobne mesne kroglice in druge sestavine v nadevu se razvaljajo iz ogromnega riževega kolača, ko ga razrežemo. To ni težko storiti, vendar je vključenih nekaj korakov. Omako in nadev lahko naredite do 3 dni pred sestavo jedi.

SOS

1 unča posušenih jurčkov

2 skodelici tople vode

1 srednja čebula, sesekljana

2 žlici oljčnega olja

1 (28 unč) Italijan lahko uvozi olupljene paradižnike, teče skozi mlin za hrano

Sol in sveže mlet črni poper

Mesne kroglice in klobase

2 do 3 rezine italijanskega kruha, nalomljene na koščke (približno 1/2 skodelice)

eno/4 skodelice mleka

8 unč mlete govedine

eno/4 skodelice sveže naribanega parmigiano-reggiana

1 strok česna, drobno sesekljan

2 žlici sesekljanega svežega ploščatega peteršilja in še več za okras

1 veliko jajce

Sol in sveže mlet črni poper

2 žlici oljčnega olja

2 sladki italijanski klobasi

Srečanje

8 unč sveže narezane mocarele

1 skodelica svežega ali zamrznjenega graha

2 skodelici srednjezrnatega riža, kot je Arborio, Carnaroli ali Vialone Nano

Sol

1 skodelica sveže naribanega parmigiano-reggiana

Sveže mleti črni poper

2 žlici nesoljenega masla

6 žlic navadnih suhih drobtin

Nasekljan svež list peteršilja za okras

eno. Pripravite omako: gobe v srednje veliki skledi za 30 minut namočite v vodo. Odstranite gobe iz tekočine za namakanje. Precedite tekočino skozi papirnati kavni filter ali kos vlažne gaze v čisto skledo in odstavite. Gobe splaknite pod tekočo vodo, pri čemer bodite posebno pozorni na podlago, kjer je nabrana zemlja. Gobe drobno sesekljajte.

2.Čebulo in olje položite v veliko težko ponev na srednji ogenj. Med občasnim mešanjem kuhamo približno 10 minut, dokler se čebula ne zmehča in zlato porumeni. Primešamo narezane gobe. Dodajte paradižnik in prihranjeno tekočino iz gob. Po okusu začinimo s soljo in poprom. Zavremo. Na majhnem ognju kuhamo približno 30 minut, občasno premešamo, dokler se ne zgosti.

3. Pripravite mesne kroglice: V srednje veliki posodi za 5 minut namočite kruh v mleko in ga ožemite. V isti skledi zmešajte kruh, govedino, sir, česen, peteršilj, jajce ter sol in poper po okusu. Dobro premešajte. Zmes oblikujte v 1-palčne polpete.

4. V večji ponvi na srednjem ognju segrejte olje. Dodamo mesne kroglice in jih obračamo s kleščami, dokler ne porjavijo z vseh strani. Mesne kroglice z lopatico odstranite na krožnik. Olje odlijemo in ponev previdno obrišemo s papirnatimi brisačkami.

5. V isti ponvi zmešajte klobase in toliko vode, da so pokrite do polovice. Kuhajte in kuhajte na srednje nizkem ognju, dokler voda ne izpari in klobase ne začnejo rjaveti. Odkrijte klobase in jih kuhajte, občasno obrnite, dokler niso kuhane, približno 10 minut. Klobase narežemo na rezine.

6. V srednji skledi nežno zmešajte mesne kroglice, rezine klobase, mocarelo in grah z 2 skodelicama paradižnikove in gobove omake ter pustite na stran.

7. V veliki ponvi zmešajte preostalo omako s 4 skodelicami vode. Mešanico zavrite. Dodajte riž in 1 čajno žličko soli. Tekočino ponovno zavremo in enkrat ali dvakrat premešamo. Pokrito dušimo na šibkem ognju približno 15 minut, da se riž komaj zmehča.

8. Odstavite lonec z ognja. Pustite, da se riž nekoliko ohladi. Vmešajte Parmigiano. Po okusu začinimo s soljo in poprom.

9. Namastite notranjost globokega 2 1/2-litrskega pekača ali pekača, odpornega na pečico. Po vrhu potresemo 4 žlice drobtin. Približno dve tretjini riža stresemo v pripravljeno enolončnico, stisnemo dno in stene, da se naredi riževa "skorjica". Na sredino vlijemo mešanico mesnih kroglic in klobas. Pokrijte s preostalim rižem in enakomerno porazdelite. Po vrhu potresemo preostale drobtine. (Če niste pripravljeni takoj, pokrijte timbal in ohladite.)

10. Približno 2 uri pred serviranjem postavite rešetko na sredino pečice. Pečico segrejte na 350°F. Timbale pečemo 1 1/2 ure ali dokler površina rahlo ne porjavi in sredica mešanice ni vroča. (Natančen čas kuhanja je odvisen od velikosti in oblike enolončnice. Uporabite termometer s takojšnjim odčitavanjem, da preverite srednjo temperaturo. Biti mora vsaj 140 °F.)

11. Pripravite stojalo za hlajenje. Pustite, da se timbal ohladi na rešetki 10 minut. Z nožem ali kovinsko lopatko potegni po notranjem robu pekača. Na enolončnico postavite velik krožnik. Skledo (z držalom za lonec) trdno držite na krožniku in obe obrnite, da prenesete timbal na krožnik. Potresemo s peteršiljem. Za serviranje narežite na rezine. Postrezite toplo.

Riž in fižol, na beneški način

Riso in Fagioli alla Veneta

Za 4 porcije

Poleti riž in fižol postrežemo vroče, ne vroče. V regiji Veneto je priljubljena sorta brusnični fižol, v italijanščini znan kot borlotti. Nekuhana brusnična zrna so rožnata s kremastimi oznakami. Po kuhanju postane trdno rožnato bež. So zelo podobni fižolu, po želji jih lahko nadomestimo.

Približno 2 skodelici domačega Mesna voda ali juho iz trgovine

3 žlice olja

1 majhna čebula, drobno sesekljana

1 srednje velik korenček, drobno narezan

1 srednje veliko rebro zelene, drobno sesekljano

^{eno}/2 skodelice drobno sesekljane pancete

2 skodelici kuhanih posušenih brusnic ali fižola v zrnju ali 1 (16 unč) fižola s tekočino

1 skodelica srednjezrnatega riža, kot je Arborio, Carnaroli ali Vialone Nano

Sol in sveže mlet črni poper

eno. Po potrebi pripravite vodo. Nato v veliki, težki kozici na srednjem ognju segrejte olje s čebulo, korenčkom, zeleno in panceto. Kuhajte, občasno premešajte, dokler zelenjava ni zlato rjava, približno 20 minut.

2. Dodajte fižol in 1 skodelico hladne vode. Zavremo in kuhamo 20 minut.

3. Prihranite približno eno tretjino mešanice fižola. Preostanek pretlačite v sekljalniku hrane do gladkega. V veliko, široko ponev vlijemo fižolov pire in 1 skodelico juhe. Na srednjem ognju zavremo. Med občasnim mešanjem kuhamo 5 minut.

4. V ponev dodajte riž in ga po okusu začinite s soljo in poprom. Kuhajte 20 minut in pogosto mešajte, da se fižol ne prime dna posode. Po malem dodajte malo preostale juhe, dokler riž ni mehak in čvrst. Vmešajte prihranjeno mešanico fižola in ugasnite ogenj.

5. Pustimo počivati 5 minut. Postrezite toplo.

sardinski riž

Riso alla Sarda

Za 6 obrokov

Ta tradicionalna sardinska riževa jed, ki je bolj podobna pilavu kot rižoti, ne zahteva veliko mešanja.

približno 3 skodelice Mesna voda

1 srednja čebula, sesekljana

2 žlici sesekljanega svežega ploščatega peteršilja

2 žlici oljčnega olja

12 unč navadne italijanske svinjske klobase z odstranjenimi črevi

1 skodelica olupljenih, semen in narezanih paradižnikov

Sol in sveže mlet črni poper

1 1/2 skodelice srednjezrnatega riža, kot je Arborio, Carnaroli ali Vialone Nano

eno/2 skodelice sveže naribanega Pecorina Romana ali Parmigiano-Reggiano

eno. Po potrebi pripravite vodo. Nato kuhajte čebulo in peteršilj v olju v veliki težki ponvi na zmernem ognju približno 5 minut, dokler se čebula ne zmehča. Dodajte meso klobase in med pogostim mešanjem kuhajte, dokler klobasa rahlo ne porjavi, približno 15 minut.

2.Vmešajte paradižnik ter sol in poper po okusu. Prilijemo juho in pustimo, da zavre. Zmešajte riž. Pokrijte in kuhajte 10 minut. Preverite, ali je zmes presuha. Po potrebi dodajte več juhe ali vode. Pokrijte in kuhajte še 8 minut oziroma dokler se riž ne zmehča.

3.Ponev odstavimo z ognja. Zmešajte sir. Postrezite zdaj.

polenta

Za 4 porcije

Tradicionalni način kuhanja polente je, da suhi koruzni zdrob v tankem curku med prsti ene roke počasi stresemo v ponev z vrelo vodo in z drugo nenehno mešamo. Potrebujete veliko potrpljenja, da to naredite pravilno; Če greste prehitro, bo koruzna moka naredila grudice. Medtem vas roka peče od držanja nad vrelo tekočino.

Za kuhanje polente mi je bolj všeč naslednji način, ker je hiter in neoporečen. Najboljše od vsega pa je, da sem to metodo poskusil vzporedno s tradicionalno metodo in ne vidim nobene razlike v rezultatu. Ker koruzno moko najprej zmešamo s hladno vodo, če suho moko vlijemo neposredno v vročo vodo, ne nastanejo grudice, ki bi se zlahka naredile.

Pazite, da uporabite ponev z debelim dnom, sicer se lahko polenta zažge. Lonec lahko postavite tudi na Flametamer, kovinski disk, ki sedi nad gorilnikom štedilnika za dodatno izolacijo lonca za nadzor toplote. (Iščite v trgovinah s kuhinjsko posodo.)

Osnovno polento lahko popestrite tako, da jo skuhate z juho ali pa namesto vode uporabite mleko. Po želji lahko ob koncu kuhanja dodamo še nariban sir.

4 kozarce hladne vode

1 skodelica grobo mlete rumene koruzne moke, po možnosti kameno mlete

2 čajni žlički soli

2 žlici nesoljenega masla

eno. V težki 2-litrski kozici zavrite 3 skodelice vode.

2. Medtem v majhni skledi zmešajte koruzno moko, sol in preostalo 1 skodelico vode.

3. Mešanico vlijemo v vrelo vodo in med mešanjem kuhamo toliko časa, da zmes zavre. Zmanjšajte ogenj na nizko, pokrijte in med občasnim mešanjem kuhajte, dokler polenta ni gosta in kremasta, približno 30 minut. Če polenta postane pregosta, dodamo še malo vode.

4. Zmešajte olje. Postrezite zdaj.

Kremna polenta

polenta alla panna

Za 4 porcije

Nekega mrzlega zimskega dne v Milanu sem se ustavil na kosilu v prometni trattoriji. Jedilnik je bil omejen, a ta preprost, tolažilen obrok je bil posebnost dneva. Če imate svež beli ali črni tartuf, ga narežite na mascarpone in presejte sir.

Če želite segreti servirno skledo ali krožnik, ga za nekaj minut postavite v toplo (ne vročo!) pečico ali nanj nalijte vročo vodo v umivalniku. Posodo ali krožnik posušite, preden dodate hrano.

1 recept (približno 5 skodelic), kuhan vroče polenta

1 skodelica mascarponeja ali smetane

Parmigiano-Reggiano komad

eno. Po potrebi pripravimo polento. Nato vročo kuhano polento prestavimo na topel servirni krožnik.

2. Na vrh prelijemo mascarpone ali prelijemo s smetano. Parmigiano obrijte z vrha z lupilcem za zelenjavo z vrtljivim rezilom. Postrezite zdaj.

Polenta z ragujem

Polenta al Ragu

Za 4 porcije

Številne severnoitalijanske družine so nekoč imele poseben bakren lonec, imenovan paiolo, okroglo desko, v kateri so kuhali in stregli polento. To je okusna tolažilna hrana in precej preprosta, če imate vnaprej pripravljen ragu in polento.

1 recept (približno 3 skodelice)Ragu Bolognese

1 recept (približno 5 skodelic), kuhan vročepolenta

$^{eno}/2$ skodelice sveže naribanega parmigiano-reggiana

eno. Po potrebi pripravimo ragu in polento.

2. Polento stresemo na segret krožnik. V polento naredimo plitvo vdolbino. Z žlico prelijemo omako. Potresemo s sirom in takoj postrežemo.

Polenta Crostini, na tri načine

Namesto kruha lahko uporabimo hrustljave rezine polente.Crostini). Postrezite jih kot predjed z okusno omako (glej predloge spodaj), kot prilogo k enolončnicam ali kot osnovo za pečene ali pečene ptice.

1 recept (približno 5 skodelic), kuhan vročepolenta

eno. Pripravimo polento. Takoj ko je polenta kuhana, jo z gumijasto lopatko razporedimo po velikem pekaču na približno 1/2 cm debelo. Pokrijte in ohladite, dokler se ne strdi, vsaj 1 uro in do 3 dni pred uporabo.

2.Ko ste pripravljeni za peko, polento narežite na kvadratke ali drugače z nožem, modelčkom za piškote ali piškote. Kose lahko pečemo, pečemo na žaru ali ocvremo.

Pečeni krostini s polento: Pečico segrejte na 400°F. Namastite pekač in rezine polente razmaknite približno 1/2 cm narazen. Vrhove namažite z oljem. Pecite 30 minut oziroma dokler ne postane hrustljava in rahlo zlata.

Polenta Crostini na žaru ali na žaru:Žar ali rešetko za piščanca postavite približno 4 cm od vira toplote. Predgrejte žar ali žar. Rezine polente na obeh straneh namažite z olivnim oljem. Kose postavite na stojalo. Pecite na žaru ali pecite, enkrat obrnite, dokler ne postane hrustljava in zlata, približno 5 minut. Kose obrnemo in na drugi strani pečemo še približno 5 minut.

Ocvrta polenta Crostini: V ponvi proti prijemanju zelo rahlo premažite tanko plast koruznega ali oljčnega olja. Ponev segrejemo na srednji temperaturi. Koščke polente posušite. Kuhajte do zlate barve, približno 5 minut. Kose obrnemo in kuhamo še približno 5 minut, da na drugi strani zlato porjavijo.

Sendviči s polento

Panini di Polenta

Za 8 obrokov

Te majhne sendviče lahko postrežete kot predjed ali prilogo. Za nekaj pridiha polento narežite z modelčki za piškote ali piškote.

1 recept (približno 5 skodelic)polenta, narejen brez masla

4 unče gorgonzole, narezane na tanke rezine

2 žlici stopljenega nesoljenega masla

2 žlici Parmigiano-Reggiano

eno. Pripravimo polento. Takoj ko je polenta kuhana, jo z gumijasto lopatko razporedimo na približno 1/2 cm debelo na velik pekač. Pokrijte in ohladite, dokler se ne strdi, vsaj 1 uro in do 3 dni pred uporabo.

2. Na sredino pečice postavite rešetko. Pečico segrejte na 400°F. Namastimo velik pekač.

3. Polento narežemo na 16 kvadratov. Polovico rezin polente položimo na piškotni pekač. Nanj položimo rezine gorgonzole. Nežno pritisnite na sendviče s preostalo polento.

4. Vrhove namažite z maslom. Potresemo s Parmigianom. Pečemo 10 do 15 minut oziroma dokler se sir ne stopi. Postrezite toplo.

Polenta s tremi siri

Polenta con Tre Formaggi

Za 4 porcije

Valle d'Aosta je regija na skrajnem severozahodnem kotu Italije. Slovi po alpskem podnebju in čudovitih smučiščih ter mlečnih izdelkih, kot je Fontina Valle d'Aosta, poltrdi sir iz kravjega mleka.

Mleko doda tej polenti dodatno bogastvo. Maslo zavzema mesto častnega sira.

2 kozarca hladne vode

1 skodelica grobo mlete rumene koruzne moke, po možnosti kameno mlete

1 čajna žlička soli

2 skodelici hladnega mleka

eno/2 skodelice Fontina Valle d'Aosta, sesekljane

eno/4 skodelice sveže naribanega parmigiano-reggiana

2 žlici nesoljenega masla

eno. V težki 2-litrski kozici zavrite vodo.

2. V majhni skledi zmešajte koruzni zdrob, sol in mleko.

3. Mešanico koruznega zdroba vlijemo v vrelo vodo in med mešanjem kuhamo toliko časa, da zmes zavre. Ogenj zmanjšamo na nizko, pokrijemo in med občasnim mešanjem kuhamo približno 30 minut oziroma dokler polenta ni gosta in kremasta. Če polenta postane pregosta, dodamo še malo vode.

4. Ponev odstavimo z ognja. Mešajte sire in maslo, dokler se ne stopijo. Postrezite zdaj.

Polenta z gorgonzolo in maskarponejem

Za 4 do 6 obrokov

Ta nebeški in bogat recept je iz Lombardije, kjer izdelujejo gorgonzolo in mascarpone.

4 kozarce hladne vode

1 skodelica grobo mlete rumene koruzne moke, po možnosti kameno mlete

eno/2 čajne žličke soli

eno/2 skodelice mascarponeja

eno/2 skodelice zdrobljene gorgonzole

eno. V težki 2-litrski kozici zavrite 3 skodelice vode.

2. V majhni skledi zmešajte koruzno moko, sol in preostalo 1 skodelico vode.

3. Mešanico koruznega zdroba vlijemo v vrelo vodo in ob stalnem mešanju kuhamo toliko časa, da zmes zavre. Ogenj zmanjšamo na nizko, pokrijemo in med občasnim mešanjem kuhamo približno 30 minut oziroma dokler polenta ni gosta in kremasta. Če polenta postane pregosta, dodamo še malo vode.

4. Polento odstavimo z ognja. Zmešajte polovico mascarponeja in gorgonzole. Prelijemo v servirno skledo in potresemo s preostalo gorgonzolo. Postrezite toplo.

cvetni prah gob

Polenta z funghi

Za 6 obrokov

Panceta doda bogat okus, vendar jo izpustite, če imate raje brezmesni obrok. Ostanke lahko narežemo na rezine in popečemo na malo oljčnega olja ali masla kot predjed ali prilogo.

2 unči drobno sesekljane pancete

1 majhna čebula, drobno sesekljana

2 žlici oljčnega olja

1 (10 unč) paket belih gob, obrezanih in narezanih

2 žlici sesekljanega svežega ploščatega peteršilja

Sol in sveže mlet črni poper

4 kozarce hladne vode

1 skodelica grobo mlete rumene koruzne moke, po možnosti kameno mlete

eno. V veliki ponvi zmešajte panceto, čebulo in olje ter kuhajte, dokler panceta in čebula rahlo zlato porumenita, približno 10 minut. Dodamo gobe in peteršilj ter kuhamo še približno 10 minut, dokler gobja tekočina ne izhlapi. Po okusu začinimo s soljo in poprom.

2. V težki 2-litrski kozici zavrite 3 skodelice vode.

3. V majhni skledi zmešajte koruzno moko, 1/2 čajne žličke soli in preostalo 1 skodelico hladne vode.

4. Mešanico koruznega zdroba vlijemo v vrelo vodo in ob stalnem mešanju kuhamo toliko časa, da zavre. Zmanjšajte ogenj na zelo nizko, pokrijte in kuhajte, občasno premešajte, dokler polenta ni gosta in kremasta, približno 30 minut. Če polenta postane pregosta, dodamo še vodo.

5. Vsebino lonca stresemo v lonec za polento. Mešanico prelijemo na vročo ploščo. Postrezite zdaj.

Ajdova in koruzna polenta

polenta taragna

Za 4 do 6 obrokov

V Lombardiji pripravljajo to izdatno polento iz kombinacije koruznega zdroba in ajdove moke. Ajda doda zemeljski okus. Lokalni sir, znan kot bitto, se zmeša ob koncu kuhanja. V Združenih državah še nikoli nisem videl bitta, vendar sta fontina in Gruyère dobra nadomestka.

5 kozarcev hladne vode

4 žlice nesoljenega masla

1 skodelica grobo mlete rumene koruzne moke, po možnosti kameno mlete

eno/2 skodelice ajdove moke

Sol

4 unče fontina ali Gruyère

eno. V težki 2-litrski kozici zavrite 4 skodelice vode in 2 žlici masla.

2. V srednje veliki skledi zmešajte koruzni zdrob, ajdovo moko, 1/2 čajne žličke soli in preostalo 1 skodelico vode.

3. Mešanico koruzne moke stresite v vrelo vodo. Ogenj zmanjšajte na zelo nizko. Pokrijte in med občasnim mešanjem kuhajte približno 40 minut oziroma dokler polenta ni gosta in kremasta. Če postane pretemno, po potrebi dodajte še malo vode.

4. Polento odstavimo z ognja. Vmešajte preostali 2 žlici masla in sir. Postrezite zdaj.

Pečena polenta s sirom

Polenta Junsa

Za 8 obrokov

Zberite do 24 ur pred kuhanjem, vendar podvojite čas kuhanja, če ga hranite v hladilniku. Poskusite tudi z Gruyère ali Asiago.

5 kozarcev hladne vode

1 skodelica grobo mlete rumene koruzne moke, po možnosti kameno mlete

1 čajna žlička soli

3 žlice nesoljenega masla

1 srednja čebula, sesekljana

1 skodelica sveže naribanega parmigiano-reggiana

eno/2 skodelice zdrobljene gorgonzole

eno/2 skodelice naribane Fontine Valle d'Aosta

eno. V težki 2-litrski kozici zavrite 4 skodelice vode. V skledi zmešajte koruzni zdrob, sol in preostalo 1 skodelico vode.

2. Zmes vlijemo v vrelo vodo in ob stalnem mešanju kuhamo toliko časa, da zmes zavre. Ogenj zmanjšamo na nizko, pokrijemo in med občasnim mešanjem kuhamo približno 30 minut oziroma dokler polenta ni gosta in kremasta. Če polenta postane pregosta, dodamo še malo vode.

3. V majhni ponvi na zmernem ognju stopite 2 žlici masla. Dodamo čebulo in med mešanjem pražimo približno 10 minut, da se čebula zmehča in zlato porumeni. V polento nastrgamo čebulo.

4. Na sredino pečice postavite rešetko. Pečico segrejte na 375°F. Namastite pekač velikosti 9×3 palcev.

5. V ponev stresemo približno eno tretjino polente. Rezervirajte 1/4 skodelice parmigiana za preliv. Polovico preostalega sira raztresemo po plasti polente v pekaču. Naredite drugo plast polente in sira. Čez prelijemo preostalo polento in jo enakomerno porazdelimo.

6. Po polenti potresemo prihranjeno 1/4 skodelice parmigiana. Pokapaj s preostalim maslom. Pečemo 30 minut ali dokler ne zabrusijo ob robu. Pred serviranjem pustite počivati 10 minut.

Pečena hrenovka Ragu s polento

Polenta Pasticiato

Za 6 obrokov

Je kot lazanja s plastmi narezane polente namesto testenin.

Ime Polenta pasticciato je zanimivo. Izhaja iz pasticciare, kar pomeni razburkati, pasticciato pa označuje tudi jed, narejeno kot makaroni s sirom in krpami.

   1 receptKlobasa Ragu

8 kozarcev hladne vode

2 skodelici grobo mlete rumene koruzne moke, po možnosti kameno mlete

1 žlica soli

8 unč sveže mocarele

eno/2 skodelice sveže naribanega parmigiano-reggiana

eno. Po potrebi pripravite ragù. V veliki ponvi zavrite 6 skodelic vode.

2. V srednji skledi zmešajte koruzno moko, sol in preostali 2 skodelici vode.

3. Mešanico koruznega zdroba vlijemo v vrelo vodo in nenehno mešamo, dokler zmes ne zavre. Ogenj zmanjšamo na nizko, pokrijemo in med občasnim mešanjem kuhamo približno 30 minut oziroma dokler polenta ni gosta in kremasta.

4. Namastimo velik pekač. Polento stresemo v pekač in jo z gumijasto lopatko enakomerno razporedimo na 1/2 cm debelo. Pustite, da se ohladi približno 1 uro, dokler se ne strdi, ali pa pokrijte in postavite v hladilnik čez noč.

5. Na sredino pečice postavite rešetko. Pečico segrejte na 400°F. Namastite 9-palčni kvadratni pekač.

6. Polento narežite na 9 3-palčnih kvadratov. Na dno krožnika položimo polovico polente. Prelijemo s polovico omake in na vrh damo polovico mocarele in parmigiano-reggiano. Naredite drugo plast iz preostalih materialov.

7. Pečemo 40 minut oziroma dokler polenta ne zabrbota in se sir stopi. Pred serviranjem pustite stati 10 minut.

Polenta "V verigah"

Polenta Incatenata

Za 6 obrokov

Nekoč sva z možem najela stanovanje v vili zunaj Lucce v Toskani. Carlotta je bila vesela gospodinja, ki je skrbela za prostor in poskrbela, da je vse teklo gladko. Vsake toliko časa nas je presenetil s kakšno domačo jedjo. Povedala mi je, da je ta krepka polenta, lokalna specialiteta, "okovana" v rezine nastrgane zelenjave. Postrezite kot vegetarijansko glavno jed ali mesno prilogo na žaru. Zelo dobro je tudi, če pustimo, da se ohladi do strditve, nato narežemo in ocvremo do zlato rjave barve.

2 žlici oljčnega olja

1 strok česna, drobno sesekljan

2 skodelici narezanega zelja ali ohrovta

4 kozarce hladne vode

1 skodelica grobo mlete rumene koruzne moke, po možnosti kameno mlete

1 1/2 čajne žličke soli

2 skodelici kuhanega ali konzerviranega fižola cannelini

Sol in sveže mlet črni poper

eno/2 skodelice sveže naribanega parmigiano-reggiana

eno. V veliki ponvi kuhajte olje in česen na srednjem ognju, dokler česen ne postane zlato rjav, približno 2 minuti. Dodamo zelje, pokrijemo in kuhamo 10 minut oziroma dokler zelje ne oveni.

2. Dodajte 3 skodelice vode in pustite, da zavre.

3. V majhni skledi zmešajte koruzno moko, sol in preostalo 1 skodelico vode.

4. Mešanico koruzne moke vlijemo v ponev. Med pogostim mešanjem kuhajte, dokler mešanica ne zavre. Ogenj zmanjšamo na minimum, pokrijemo in med občasnim mešanjem dušimo 20 minut.

5. Zmešajte fižol. Pecite še 10 minut oziroma dokler ne postane gosta in kremasta. Če je zmes pregosta, dodajte nekaj vode.

6. Odstranite z ognja. Vmešajte sir in takoj postrezite.

Solata Farro

Insalata di Farro

Za 6 obrokov

V Abrucih sva z možem večkrat jedla farro solate, vključno s hrustljavimi zelenjavnimi koščki in osvežilno meto.

Sol

1 1/2 skodelice farro

1 skodelica drobno sesekljanega korenja

1 skodelica drobno sesekljane zelene

2 žlici drobno sesekljane sveže mete

2 zeleni čebuli, drobno sesekljani

eno/3 skodelice olivnega olja

1 žlica svežega limoninega soka

Sveže mleti črni poper

eno. Zavrite 6 skodelic vode. Dodajte sol po okusu, nato farro. Zmanjšajte ogenj, da zavre, in kuhajte, dokler farro ni mehak, a še vedno žvečljiv, približno 15 do 30 minut. (Čas kuhanja se lahko razlikuje; začnite okušati po 15 minutah.) Dobro odcedite.

2. V veliki skledi zmešajte farro, korenje, zeleno in meto. V manjši skledici zmešamo olivno olje, limonin sok in poper. Preliv prelijemo čez solato in dobro premešamo. Okusite in prilagodite začimbe. Postrezite vroče ali pri sobni temperaturi.

Farro, slog Amatrice

Farro all'Amatriciana

Za 8 obrokov

Farro se pogosto uporablja v juhah ali solatah, toda v tem receptu z rimskega podeželja je žito dušeno v klasični omaki Amatriciana, ki se običajno uporablja za testenine.

Sol

2 kozarca farroja

$^{eno}/4$ skodelice oljčnega olja

4 unče sesekljane pancete

1 srednja čebula

$^{eno}/2$ kozarca suhega belega vina

1 1/2 skodelice olupljenega svežega paradižnika brez semen in narezanega na kocke ali odcejenega in na kocke narezanega paradižnika v pločevinkah

$^{eno}/2$ skodelice sveže naribanega Pecorina Romana

eno. Zavrite 6 skodelic vode. Dodajte sol po okusu, nato farro. Zmanjšajte toploto, da zavre, in kuhajte, dokler farro ni mehak, a še vedno žvečljiv, 15 do 30 minut. (Čas kuhanja se lahko razlikuje; začnite okušati po 15 minutah.) Dobro odcedite.

2. V srednji ponvi kuhajte olje, panceto in čebulo na zmernem ognju in pogosto mešajte, dokler čebula ne zlato porumeni, približno 10 minut. Prilijemo vino in zavremo. Dodajte paradižnik in farro. Zavremo in kuhamo približno 10 minut, dokler farro ne vpije nekaj omake. Po potrebi dodajte nekaj vode, da preprečite sprijemanje.

3. Odstranite z ognja. Dodajte sir in dobro premešajte. Postrezite zdaj.

Farro, paradižnik in sir

Grano, Pomodori in Cacio

Za 6 obrokov

Če farroja ne najdete, lahko na ta način skuhate pšenične jagode, emmer, kamut ali druga podobna žita. Zrna ne solimo preveč, saj je solata z rikoto lahko slana. Če ni na voljo, zamenjajte Pecorino Romano. Ta recept je iz južne Puglie.

Sol

1 1/2 skodelice farro

2 žlici oljčnega olja

1 majhna čebula, drobno sesekljana

8 unč na kocke narezanega paradižnika

4 unče solate iz rikote, grobo naribane

eno. Zavrite 6 skodelic vode. Dodajte sol po okusu, nato farro. Zmanjšajte ogenj in kuhajte 15 do 30 minut, dokler se farro ne zmehča. (Čas kuhanja se lahko razlikuje; začnite okušati po 15 minutah.) Dobro odcedite.

2. V srednje veliko ponev nalijte olje. Dodajte čebulo in kuhajte, pogosto mešajte, dokler čebula ne postane zlata, približno 10 minut. Dodamo paradižnik in sol po okusu. Pečemo, dokler se rahlo ne zgosti, približno 10 minut.

3. Odcejen farro vmešamo v paradižnikovo omako. Dodajte sir in dobro premešajte. Postrezite toplo.

Orzotto s kozicami in ječmenom

Orzotto di Gamberi

Za 4 porcije

Čeprav večina ljudi v Združenih državah misli, da je orzo majhna testenina v obliki semen, to v italijanščini pomeni "ječmen". V Furlaniji-Julijski krajini na severu ječmen kuhajo kot rižoto, končno jed pa imenujejo orzoto.

3 kozarci piščančja juha, zelenjavna juha ali voda

2 žlici nesoljenega masla

1 žlica oljčnega olja

1 majhna čebula, drobno sesekljana

1 manjši korenček, drobno narezan

eno/2 skodelice drobno sesekljane zelene

1 strok česna, mlet

6 unč (2/3 skodelice) bisernega ječmena, splaknjenega in odcejenega

Sol in sveže mlet črni poper

8 unč kozic, lupine in žile

2 žlici sesekljanega svežega ploščatega peteršilja

eno. Po potrebi pripravite vodo. V srednji ponvi stopite maslo z oljem na srednjem ognju. Dodamo čebulo, korenček, zeleno in česen ter pražimo približno 10 minut do zlate barve.

2.Zelenjavi v ponvi dodajte ječmen in dobro premešajte. Dodajte juho, 1 čajno žličko soli in popra. Zavremo in zmanjšamo toploto. Pokrijte in med občasnim mešanjem kuhajte 30 do 40 minut ali dokler se ječmen ne zmehča. Če se zmes izsuši, dodajte nekaj vode.

3.Medtem sesekljamo kozice in jih skupaj s peteršiljem vmešamo v ječmenovo zmes. Kuhajte 2 do 3 minute, dokler kozica ni ravno rožnata. Okusite in prilagodite začimbe. Postrezite zdaj.

Orzotto iz ječmena in zelenjave

Orzotto di Verdure

Za 4 porcije

Majhna zelenjava za ta orzotto je kuhana z ječmenom. Postrezite kot prilogo ali prvo jed.

4 kozarci<u>Mesna voda</u>oz<u>piščančja juha</u>

4 žlice nesoljenega masla

1 majhna čebula, drobno sesekljana

1 skodelica bisernega ječmena, splaknjena in odcejena

eno/2 skodelice svežega ali zamrznjenega graha

eno/2 skodelice poljubno narezanih gob

eno/4 skodelice drobno sesekljane rdeče paprike

eno/4 skodelice drobno sesekljane zelene

Sol in sveže mlet črni poper

eno/4 skodelice sveže naribanega parmigiano-reggiana

eno. Po potrebi pripravite vodo. V veliki ponvi na zmernem ognju stopite 3 žlice masla. Dodajte čebulo in med pogostim mešanjem kuhajte do zlato rjave barve, približno 10 minut.

2.Dodamo ječmen in dobro premešamo. Vmešajte grah, gobe, papriko in polovico zelene ter kuhajte 2 minuti ali dokler ne oveni. Prilijemo juho in pustimo, da zavre. Pokrijte in kuhajte 20 minut.

3.Vmešajte preostalo zelenjavo ter sol in poper po okusu. Odkrito kuhajte še 10 minut oziroma dokler tekočina ne izhlapi in ješprenj ni mehak. Odstranite z ognja.

4.Vmešajte preostalo žlico masla in sira. Postrezite zdaj.

Pršut in jajce

Uova al Pršut

Za 2 porciji

Prijatelj, s katerim sem potoval po Italiji, je bil na dieti z visoko vsebnostjo beljakovin. Navadil se je, da je za zajtrk naročil krožnik pršuta. V gostilni v Montepulcianu v Toskani je gostitelj vprašal, ali bi želel jajca s pršutom. Moj prijatelj je rekel da, v upanju, da bo dobil nekaj poširanih jajc. Namesto tega je kmalu zatem prišel kuhar s posamezno ponev, napolnjeno s cvrčečim pršutom in jajci s sončno stranjo navzgor. Videti in dišalo je tako dobro, da so kmalu vsi v jedilnici naročali isto stvar, na razočaranje razočarane kuharice.

To je odličen način za uporabo pršuta z rahlo posušenimi robovi. Jajca s pršutom postrezite za brunch z maslenimi šparglji in pečenimi paradižniki.

1 žlica nesoljenega masla

4 do 6 tankih rezin uvoženega italijanskega pršuta

4 velika jajca

Sol in sveže mlet črni poper

eno. V 9-palčni ponvi proti prijemanju stopite maslo na srednje nizkem ognju.

2. Rezine pršuta zložimo na pladenj, rahlo prekrivajoč. Jajca eno za drugim razbijemo v kozarec, nato z jajci podrsamo po pršutu. Potresemo s soljo in poprom.

3. Pokrijte in kuhajte na majhnem ognju približno 2 do 3 minute, dokler jajca ne dobijo dobrega okusa. Postrezite toplo.

Pečeni šparglji z jajcem

milanski šparglji

Za 2 do 4 porcije

Nekoč se je novinar vprašal, kaj sem imel za večerjo, ko sem kuhal. Brez premisleka sem odgovoril s šparglji z jajcem in parmigianom – kar Italijani imenujejo milanski. To je zelo dobro, a zelo preprosto. To je moja ideja o udobni hrani.

1 kilogram špargljev

Sol

3 žlice nesoljenega masla

Sveže mleti črni poper

eno/2 skodelice sveže naribanega parmigiano-reggiana

4 velika jajca

eno. Odrežite dno špargljev na mestu, kjer se steblo spremeni iz bele v zeleno. V veliki ponvi zavrite približno 2 cm vode. Dodamo šparglje in solimo po okusu. Šparglje kuhajte, dokler se rahlo ne upognejo, ko jih dvignete s konca peclja, približno 4 do

8 minut. Čas kuhanja bo odvisen od debeline špargljev. Šparglje s prijemalkami prestavimo v cedilo. Izpraznite, nato posušite.

2.Na sredino pečice postavite rešetko. Pečico segrejte na 450°F. Namastimo velik pekač.

3.Šparglje razporedimo po pekaču enega poleg drugega, rahlo prekrivamo. Potresemo z 1 žlico masla in potresemo s poprom in sirom.

4.Pečemo 15 minut oziroma dokler se sir ne stopi in zlato rjavo zapeče.

5.V veliki ponvi, ki se ne sprijema, na srednjem ognju stopite preostali 2 žlici masla. Ko maslena pena popusti, v skledo razbijemo jajce in ga previdno potisnemo v ponev. Ponovite s preostalimi jajci. Potresemo s soljo in kuhamo približno 2 do 3 minute, dokler jajca ne dobijo dobrega okusa.

6.Šparglje razdelimo na krožnike. Na vrh položite jajca. Na vrh prelijemo sok iz ponve in postrežemo vroče.

Jajce v čiščenju

Uova v Purgatorio

Za 4 porcije

Ko sem odraščal, je bila petkova večerja pri nas doma vedno brezmesni obrok. Naši obroki so temeljili na neapeljskih jedeh. Večerja je bila običajno sestavljena iz pasta e fagioli (testenin in fižola), tunine solate ali teh okusnih jajc, kuhanih v pikantni paradižnikovi omaki, od tod tudi očarljivo ime Eggs in Purgatory. To je popolna jed, ko nimate veliko v shrambi in si želite nekaj toplega in hitrega. Obvezno za hrustljav kruh.

2 žlici oljčnega olja

eno/4 skodelice drobno sesekljane čebule

2 skodelici konzerviranih pelatov, narezanih

4 listi sveže bazilike, sesekljani ali ščepec posušenega timijana

Ščepec pečene rdeče paprike (peperoncino)

Sol

8 velikih jajc

eno. Vlijte olje v srednje veliko ponev. Dodajte čebulo in med mešanjem kuhajte na zmernem ognju približno 10 minut, dokler se ne zmehča in zlato porumeni. Dodamo paradižnik, baziliko, papriko in sol po okusu. Zavremo in kuhamo 15 minut oziroma dokler se ne zgosti.

2. Razbijte jajce v majhen kozarec. V paradižnikovo omako z žlico naredimo vdolbino. Jajce zabijte v omako. Nadaljujte s preostalimi jajci.

3. Lonec pokrijemo in kuhamo 2 do 3 minute, da se jajca dobro okusijo. Postrezite toplo.

Jajca v paradižnikovi omaki, predjed

Uova v Brodettu

Za 2 porciji

Moj stric Joe, čigar družina prihaja iz regije Marche na vzhodni obali Italije, je imel poseben način kuhanja jajc v paradižnikovi omaki. Njegov recept, čeprav podoben Jajce v čiščenju Vsebuje ščepec kisa za oster okus.

1 majhna čebula, zelo drobno sesekljana

1 žlica svežega ploščatega peteršilja, zelo drobno sesekljanega

2 žlici oljčnega olja

1 1/2 skodelice olupljenega svežega paradižnika brez semen in narezanega na kocke ali odcejenega in na kocke narezanega paradižnika v pločevinkah

1 do 2 žlici belega vinskega kisa

Sol in sveže mlet črni poper

4 velika jajca

eno. Zmešajte čebulo, peteršilj in olje v 9-palčni ponvi z neoprijemljivim oprijemom in kuhajte na srednjem ognju, občasno premešajte, dokler čebula ne postane mehka in zlata, približno 10 minut.

2. Zmešajte paradižnik, kis, sol in poper po okusu. Kuhajte 10 minut oziroma dokler se omaka ne zgosti.

3. Razbijte jajce v majhen kozarec. Z žlico naredimo vdolbino v omako. Previdno vstavite jajce. Ponovite s preostalimi jajci. Potresemo s soljo in poprom. Pokrijte in kuhajte 2 do 3 minute, dokler jajca niso ravno po okusu. Postrezite toplo.

Jajca v stilu Piemonta

Uova al Ciriget

Za 4 porcije

Številne jedi v Piemontu so začinjene z v kisu nabrušenim česnom in sardoni. Tukaj jajca dobijo to pikantno, aromatično poslastico.

4 žlice oljčnega olja

4 fileje inčunov, odcejene in narezane

2 žlici sesekljanega svežega ploščatega peteršilja

2 žlici kaper, oplaknjenih in odcejenih

2 stroka česna, zelo drobno sesekljana

2 lista žajblja, sesekljana

Ščepec zdrobljene rdeče paprike

1 žlica rdečega vinskega kisa

1 do 2 čajni žlički svežega limoninega soka

2 žlici nesoljenega masla

8 velikih jajc

Sol

eno.V srednje veliki ponvi zmešajte olje, inčune, peteršilj, kapre, česen, žajbelj in zdrobljeno rdečo papriko. Kuhajte na srednjem ognju in pogosto mešajte, dokler se inčuni ne stopijo, 4 do 5 minut. Zmešajte kis in limonin sok. Kuhajte še 1 minuto.

2.V veliki ponvi proti sprijemanju stopite maslo na srednjem ognju. Ko se maslena pena zmanjša, jajca previdno potisnite v ponev. Potresemo s soljo in kuhamo 2 do 3 minute ali dokler jajca niso ravno po okusu.

3.Omako prelijemo čez jajca. Postrezite zdaj.

Florentinsko jajce

Uova alla Fiorentina

Za 4 porcije

Jajca po florentinsko v ZDA običajno izdelujejo z maslom in bogato holandsko omako. To je različica, ki sem jo imel v Firencah. Špinačo namesto z maslom skuhamo s česnom in olivnim oljem, dovolj pa je, da po jajcih potresemo rahel parmigiano. Je veliko lažji pripravek, kot nalašč za priložnostni zajtrk.

3 funte špinače, trda stebla odstranimo

Sol

2 žlici oljčnega olja

1 strok česna, drobno sesekljan

Sveže mleti črni poper

8 jajc

2 žlici sveže naribanega parmigiana-reggiana

eno. Špinačo večkrat operemo v hladni vodi. V veliko ponev dajte špinačo, 1/2 skodelice vode in ščepec soli. Lonec pokrijte in segrejte na srednje. Kuhamo 5 minut oziroma toliko časa, da špinača oveni in se zmehča. Špinačo odcedimo in iz nje izcedimo odvečno vodo.

2. V veliko ponev nalijte olje. Dodamo česen in kuhamo približno 2 minuti do zlato rjave barve.

3. Primešamo špinačo ter solimo in popramo po okusu. Kuhajte, občasno premešajte, dokler se ne segreje, približno 2 minuti.

4. Razbijte jajce v majhen kozarec. V špinačo z žlico naredimo vdolbino. Jajce potisnite v vdolbino. Ponovite s preostalimi jajci.

5. Jajca začinimo s soljo in poprom ter potresemo s sirom. Ponev pokrijte in kuhajte 2 do 3 minute oziroma dokler jajca niso ravno po okusu. Postrezite toplo.

Pečeno jajce s krompirjem in sirom

Uova al Forno

Za 4 porcije

Neapeljska tolažilna hrana je najboljši način za opis te enolončnice s krompirjem, sirom in jajcem v plasteh, ki mi jo je mama pogosto pripravljala kot otroku.

1 funt večnamenskega krompirja, kot je Yukon gold

Sol

1 žlica nesoljenega masla

8 unč sveže narezane mocarele

4 velika jajca

Sveže mleti črni poper

2 žlici Parmigiano-Reggiano

eno. Krompir očistite in olupite. Narežite jih na 1/4 palca debele rezine. Krompir dajte v srednje veliko ponev z dovolj hladne vode, da jih pokrije, in solite po okusu. Pokrijte in zavrite. Kuhajte, dokler se krompir ne zmehča, ko ga prebodete z vilicami, približno 10 minut. Krompir odcedimo in nekoliko ohladimo.

2. Na sredino pečice postavite rešetko. Pečico segrejte na 400°F. Dno in stranice 9-palčnega kvadratnega pekača premažite z maslom. Rezine krompirja razporedite po pladnju, rahlo prekrivajoč. Na krompir položite rezine sira. Jajca razbijte v majhno skledo, nato pa jih položite v ponev na sir. Potresemo s soljo, poprom in naribanim Parmigiano-Reggiano.

3. Kuhajte, dokler se jajca ne okusijo, približno 15 minut. Postrezite toplo.

Poper in jajce

Peperoni e le Uova

Za 4 porcije

Pražena paprika ali krompir z umešanimi jajci je dober za zajtrk s klobasami na žaru ali postrežen v rezinah hrustljavega italijanskega kruha za klasične herojske sendviče.

ᵉⁿᵒ/4 skodelice oljčnega olja

2 srednji rdeči papriki, narezani na grižljaj velike kose

1 srednje velika zelena paprika, narezana na grižljaj velike koščke

1 majhna čebula, narezana na tanke rezine

Sol

8 velikih jajc

ᵉⁿᵒ/4 skodelice sveže naribanega parmigiano-reggiana

Sveže mleti črni poper

eno. Segrejte olje v 9-palčni ponvi proti prijemanju na srednjem ognju. Po okusu dodajte čebulo, poper in sol. Med pogostim mešanjem kuhajte približno 20 minut, dokler paprika ni zlato rjava. Pokrijte in kuhajte še 5 minut oziroma dokler paprika ni zelo mehka.

2. V srednje veliki skledi stepemo jajca s sirom ter začinimo s soljo in poprom po okusu. Jajca prelijemo po papriki in pustimo na kratko stati. Paprike in jajca obrnite z lopatko ali žlico, da nekatera jajca dosežejo površino ponve. Pustite, da se jajca posušijo in ponovno premešajte. Ponavljajte mešanje in kuhanje približno 2 do 3 minute, dokler jajca ne dobijo dobrega okusa. Postrezite toplo.

Krompir in jajca

Patate con le Uuova

Za 4 porcije

Umešan krompir z jajci je klasična kombinacija, ki jo najdemo po vsej južni Italiji. Po želji lahko s krompirjem popražimo manjšo, na tanke rezine narezano papriko ali čebulo ali oboje. Postrezite s hrenovkami za malico ali nadevajte krompir in jajca v italijanski kruh za pravi sendvič.

eno/4 skodelice oljčnega olja

4 voskasti mladi krompirji, olupljeni in narezani na 1/4-palčne rezine

Sol

8 velikih jajc

Sveže mleti črni poper

eno. Segrejte olje v 9-palčni ponvi proti prijemanju na srednjem ognju. Krompirjeve rezine osušimo in damo v ponev. Kuhajte, pogosto obračajte kose, dokler krompir ne porjavi in postane mehak, približno 10 minut. Potresemo sol.

2. V srednji skledi stepemo jajca po okusu s soljo in poprom. V ponev vlijemo jajca in jih pustimo nekaj časa stati. Krompir in jajca obračajte z lopatko ali žlico, da nekatera jajca pridejo na površino ponve. Pustite, da se jajca posušijo in ponovno premešajte. Ponavljajte mešanje in kuhanje približno 2 do 3 minute, dokler jajca ne dobijo dobrega okusa. Postrezite toplo.

Zmešajte gobe in jajca

Uova con Funghi

Za 4 porcije

Jajca z gobami so dobra za lahko večerjo ali malico. Bele gobe so v redu, divje gobe pa dodajo čudovit zemeljski okus.

3 žlice nesoljenega masla

1 majhna čebula, drobno sesekljana

2 skodelici narezanih gob

Sol in sveže mlet črni poper

8 velikih jajc

eno. Stopite maslo v 9-palčni ponvi proti prijemanju na srednjem ognju. Dodamo čebulo, gobe, sol in poper po okusu. Med občasnim mešanjem kuhajte, dokler gobe rahlo ne porjavijo, približno 10 minut.

2. V srednji skledi stepemo jajca po okusu s soljo in poprom. Zelenjavo prelijemo z jajci in pustimo kratek čas. Gobe in jajca obrnite z lopatko ali žlico, tako da nekuhana jajca dosežejo površino ponve. Pustite, da se jajca posušijo in ponovno premešajte. Ponavljajte mešanje in kuhanje približno 2 do 3 minute, dokler jajca ne dobijo dobrega okusa. Postrezite toplo.

Fritata s čebulo in rukolo

Frittata di Cipolle in Rughetta

Za 4 porcije

Nekega dne je prišel na obisk stari prijatelj moje mame iz Palerma na Siciliji. Poznali smo jo kot Zia Millie, čeprav ni bila teta. Ponudil se mi je, da pripravi solato, ki bo spremljala naš obrok, in vprašal, ali imam svetlo čebulo, kot je rdeča ali bela sorta. Imela sem samo rumeno čebulo, ki sem jo uporabila za kuhanje, pa je rekel, da bo v redu. Čebulo je na tanko narezal in jo večkrat namočil v hladno vodo, ki je odstranila močan sok. Ko smo bili pripravljeni jesti solato, je bila čebula prav tako sladka kot blažja sorta. To metodo pogosto uporabljam, kadar želim rahel okus čebule.

Ta fritaja iz Apulije je aromatizirana s čebulo in rukolo. Če nimate rukole, jo nadomestite z listi vodne kreše ali špinače.

2 srednji čebuli, narezani na tanke rezine

3 žlice oljčnega olja

1 velik šop rukole, trda stebla odstranimo, narežemo na majhne koščke (približno 2 skodelici)

8 velikih jajc

eno/4 skodelice sveže naribanega parmigiano-reggiana

Sol in sveže mlet črni poper

eno. Čebulo dajte v posodo s hladno vodo, da je prekrita. Namakajte 1 uro in enkrat ali dvakrat zamenjajte vodo, dokler čebula ne postane sladka. Prazen in suh.

2. Nalijte olje v 9-palčno ponev z neoprijemljivim oprijemom. Dodajte čebulo. Kuhajte na zmernem ognju, občasno premešajte, dokler čebula ni mehka in zlata, približno 10 minut. Mešajte približno 1 minuto, dokler rukola ne oveni.

3. 3 V srednji skledi stepite jajca, sir, sol in poper po okusu. Zelenjavo v ponvi prelijemo z jajci in zmanjšamo ogenj. Pokrijte in kuhajte, dokler se jajca ravno ne strdijo, a v sredini še vedno vlažna in fritaja na dnu rahlo porjavi, približno 5 do 10 minut.

4. Fritato z lopatico potisnite na krožnik. Ponev obrnite na krožnik in hitro obrnite tako krožnik kot ponev, da se fritaja vrne v ponev s pečeno stranjo navzgor. Pecite, dokler se ravno ne strdi na sredini, še približno 5 minut. Ali pa, če raje ne obračate, potisnite ponev pod brojlerje za 3 do 5 minut ali dokler jajca niso ravno po okusu.

5. Fritato prestavimo na servirni krožnik in narežemo na rezine. Postrezite vroče ali pri sobni temperaturi.

Fritata iz bučk in bazilike

Fritata iz bučk

Za 4 porcije

Moja mama je gojila bučke na našem majhnem dvorišču v Brooklynu. Na vrhuncu sezone so rasle tako hitro, da jih nismo mogli dovolj hitro porabiti. Takrat je moja mama pripravljala to preprosto fritajo, ki jo jemo s svežo paradižnikovo solato. Doma pridelane bučke, ki niso bile večje od hrenovke, so bile rahle in okusne, z drobnimi semeni in tanko lupino.

3 žlice oljčnega olja

2 do 3 majhne bučke (približno 1 funt), očiščene in narezane

8 velikih jajc

eno/4 skodelice sveže naribanega parmigiano-reggiana

6 svežih listov bazilike, zloženih in narezanih na tanke trakove

Sol in sveže mlet črni poper

eno. V 9-palčni ponvi proti prijemanju segrejte olje na srednje močnem ognju. Dodamo bučke in med občasnim obračanjem kuhamo, dokler se bučke lepo ne zapečejo, približno 12 minut.

2. V veliki skledi stepemo jajca, sir, baziliko, sol in poper po okusu. Ogenj znižajte na srednje. Mešanico prelijemo čez bučke. Dvignite stranice fritate, da lahko nekuhano jajce doseže površino ponve. Pecite, dokler se jajca ravno strdijo, vendar še vedno vlažna v sredini in fritaja na dnu rahlo porjavi, približno 5 do 10 minut.

3. Fritato potisnite na krožnik, nato pa ponev obrnite na krožnik. Hitro obrnite krožnik in ponev, da bo fritata pečena navzgor. Pecite, dokler se ravno ne strdi na sredini, še približno 5 minut. Ali pa, če raje ne obračate, potisnite ponev pod brojlerje za 3 do 5 minut ali dokler se okus ne strdi. Postrezite vroče ali pri sobni temperaturi.

4. Fritato prestavimo na servirni krožnik in narežemo na rezine. Postrezite toplo ali hladno in postrezite hladno.

Fritata s sto zelišči

Frittata con Cento Erbe

Za 4 porcije

Čeprav v tej fritaji iz Furlanije-Julijske krajine običajno uporabim le pet ali šest zelišč, ime pove, da so možnosti veliko večje in lahko uporabite katera koli sveža zelišča, ki jih imate pri roki. Svež peteršilj je nujen, če pa so druga zelišča, ki jih imate pri roki, posušena, uporabite le ščepec ali pa bo njihov okus osupljiv.

8 velikih jajc

1/4 skodelice sveže naribanega parmigiano-reggiana

2 žlici drobno sesekljanega svežega ploščatega peteršilja

2 žlici drobno sesekljane sveže bazilike

1 žlica sesekljanega svežega koriandra

1 čajna žlička sesekljanega svežega pehtrana

1 čajna žlička drobno sesekljanega svežega timijana

Sol in sveže mlet črni poper

2 žlici oljčnega olja

eno.V veliki skledi poskusite jajca, sir, zelišča ter sol in poper, da se dobro povežejo.

2.Segrejte olje v 9-palčni ponvi proti prijemanju na srednjem ognju. Jajčno mešanico vlijemo v ponev. Dvignite stranice fritate, da lahko nekuhano jajce doseže površino ponve. Pecite, dokler se jajca ravno strdijo, vendar še vedno vlažna v sredini in fritaja na dnu rahlo porjavi, približno 5 do 10 minut.

3.Fritato potisnite na krožnik, nato pa ponev obrnite na krožnik. Hitro obrnite krožnik in ponev, da bo fritata pečena navzgor. Pecite, dokler se ravno ne strdi na sredini, še približno 5 minut. Ali pa, če raje ne obračate, potisnite ponev pod brojlerje za 3 do 5 minut ali dokler se okus ne strdi. Postrezite vroče ali pri sobni temperaturi.

Špinačna fritaja

Frittata di Spinaci

Za 4 porcije

V tej fritaji lahko uporabite špinačo, escarole, blitvo ali drugo zelenjavo. Postrezite s prepraženimi gobami in narezanimi paradižniki.

1 funt sveže špinače, sesekljane

eno/4 kozarca vode

Sol

8 velikih jajc

eno/4 skodelice smetane

eno/2 skodelice sveže naribanega parmigiano-reggiana

2 žlici nesoljenega masla

eno. V veliko ponev dajte špinačo, vodo in sol po okusu. Pokrijte in kuhajte na srednjem ognju, dokler se ne zmehča in oveni, približno 5 minut. Dobro filtrirajte. Pustimo, da se nekoliko ohladi. Špinačo položite na kuhinjsko krpo in jo ožemite, da odstranite tekočino.

2. V veliki skledi stepemo jajca, smetano, sir, sol in poper po okusu. Zmiksaj špinačo.

3. V 9-palčni ponvi proti prijemanju stopite maslo na srednjem ognju. Zmes vlijemo v pekač. Dvignite stranice fritate, da lahko nekuhano jajce doseže površino ponve. Pecite, dokler se jajca ravno strdijo, vendar še vedno vlažna v sredini in fritaja na dnu rahlo porjavi, približno 5 do 10 minut.

4. Fritato potisnite na krožnik, nato pa ponev obrnite na krožnik. Tako krožnik kot ponev hitro obrnemo tako, da bo fritata obrnjena navzgor. Pecite, dokler ni na sredini, še približno 5 minut. Ali pa, če raje ne obračate, potisnite ponev pod brojlerje za 3 do 5 minut ali dokler se okus ne strdi. Postrezite vroče ali pri sobni temperaturi.

Gobe in Fontina Frittata

Frittata di Funghi in Fontina

Za 4 porcije

Originalna Fontina Valle d'Aosta ima lesen okus po gobah in se dobro ujema s katero koli jedjo iz gob. Če imate raje belo, uporabite gozdne gobe.

3 žlice nesoljenega masla

8 unč gob, prepolovljenih ali na četrtine, če so velike

Sol in sveže mlet črni poper

8 velikih jajc

2 žlici sesekljanega svežega ploščatega peteršilja

4 unče Fontina Valle d'Aosta, narezana na rezine

eno. V 9-palčni ponvi proti prijemanju stopite maslo na srednjem ognju. Dodamo gobe ter solimo in popramo po okusu. Med pogostim mešanjem kuhajte, dokler gobe rahlo ne porjavijo, približno 10 minut.

2. V veliki skledi začinite jajca s peteršiljem, soljo in poprom. Ogenj znižajte na srednje. Mešanico prelijemo čez gobe. Dvignite stranice fritate, da lahko nekuhano jajce doseže površino ponve. Pokrijte in kuhajte, dokler se jajca ravno ne strdijo, a v sredini še vedno vlažna in fritaja na dnu rahlo porjavi, približno 5 do 10 minut.

3. Nanj položimo rezine sira. Ponev potisnite pod brojlerje in kuhajte 1 do 3 minute ali dokler se sir ne stopi in jajca dobro okusijo. Ali, če želite, ponev pokrijte in kuhajte 3 do 5 minut, dokler se sir ne stopi in jajca dobro okusijo.

4. Fritato prestavimo na servirni krožnik. Postrezite toplo.

Neapeljski špageti fritaja

frittata di špageti

Za 6 obrokov

Pred nekaj leti je na družinskem srečanju daljni sorodnik začel govoriti o svojih najljubših receptih. Opisala je ravno zlato pito iz makaronov, polnjeno z mesom in siri, ki so si jo njeni otroci vedno želeli. Zapisal sem navodila in poskusil doma. Bilo je tako dobro, kot je bilo rečeno, in od takrat sem izvedel, da je to tradicionalni neapeljski recept. Špagete lahko pripravite samo za to jed, vendar so tradicionalno pripravljeni z ostanki.

8 velikih jajc

eno/2 skodelice sveže naribanega Parmigiano-Reggiano ali Pecorino Romano

Sol in sveže mlet črni poper

12 unč špagetov ali drugih testenin, kuhanih in odcejenih

4 unče narezane salame, uvoženega italijanskega pršuta ali šunke, narezane na ozke trakove

2 žlici oljčnega olja

8 unč mocarele, narezane na tanke rezine

eno. V veliki skledi stepemo jajca, sir, sol in poper po okusu. Zmešajte špagete in salamo.

2. Segrejte olje v 9-palčni ponvi proti prijemanju na srednjem ognju. Dodajte polovico mešanice za špagete. Obložimo z rezinami sira. Preostalo mešanico testenin prelijemo čez sir.

3. Ogenj zmanjšajte na nizko. Skuhajte špagete, površino občasno poravnajte, da se testenine sprimejo in oblikujejo torto. Po približno 5 minutah z lopatko potisnemo ob rob pekača in nežno dvignemo torto, da se ne prime. Pecite, dokler se jajca ne strdijo in fritaja na dnu rahlo porjavi, približno 15 do 20 minut.

4. Fritato potisnite na krožnik, nato pa ponev obrnite na krožnik. Hitro obrnite krožnik in ponev, da bo fritata pečena navzgor. Pecite, dokler se ravno ne strdi na sredini, še približno 5 minut. Ali pa, če raje ne obračate, potisnite ponev pod brojlerje za 3 do 5 minut ali dokler se okus ne strdi. Postrezite vroče ali pri sobni temperaturi.

Fritata iz testenin

Fritata in testenine

Za 4 porcije

Iz vseh ostankov testenin lahko naredite to okusno fritajo. Ne glede na to, ali so vaše testenine navadne ali s paradižniki, omako ali zelenjavo, je ta fritaja vedno odlična. Improvizirajte tako, da dodate na kocke narezano klobaso, šunko, sir ali nekaj sesekljane kuhane zelenjave. Količine pravzaprav niso pomembne.

6 velikih jajc

eno/2 skodelice sveže naribanega parmigiano-reggiana

Sol in sveže mlet črni poper

8 unč kuhanih testenin, z ali brez omake

2 žlici oljčnega olja

eno. V veliki skledi stepemo jajca, sir, sol in poper po okusu. Kuhane testenine zmešamo.

2. Segrejte olje v 9-palčni ponvi proti prijemanju na srednjem ognju. Dodamo mešanico testenin in stisnemo. Pecite, dokler se jajca ravno strdijo, a v sredini še vedno vlažna in fritaja na dnu rahlo porjavi, približno 10 minut.

3. Fritato potisnite na krožnik, nato pa ponev obrnite na krožnik. Hitro obrnite krožnik in ponev, da bo fritata pečena navzgor. Pecite, dokler se ravno ne strdi na sredini, še približno 5 minut. Ali pa, če raje ne obračate, potisnite ponev pod brojlerje za 3 do 5 minut ali dokler se okus ne strdi. Postrezite vroče ali pri sobni temperaturi.

Majhne omlete

fritatin

Za 6 obrokov

Miniaturne omlete, pripravljene na rešetki kot palačinke, so čudovite za postrežbo kot del predjedi ali za nadev za sendviče. Ta različica s porom in ohrovtom je iz Piemonta.

Približno 1/4 skodelice oljčnega olja

3 skodelice drobno sesekljanega zelja

1 srednje velik por, obrezan in na tanke rezine

6 velikih jajc

eno/2 skodelice sveže naribanega parmigiano-reggiana

eno/2 čajne žličke soli

Sveže mleti črni poper

eno. V težki 9-palčni ponvi proti prijemanju segrejte 3 žlice olja na srednje nizkem ognju. Zelje in por zmešamo. Lonec pokrijemo in med občasnim mešanjem dušimo približno 30 minut, dokler se zelje ne zmehča. pustite, da se ohladi.

2. V srednje veliki skledi zmešajte jajca, sir, sol in poper po okusu. Vmešajte zelenjavno mešanico.

3. Rešetko ali veliko ponev, ki se ne sprijema, rahlo premažite z oljem. Segrevajte na srednji temperaturi.

4. Vmešajte jajčno mešanico in vlijte 1/4 skodelice na žar, pri čemer pustite približno 4 cm prostora med omletami. Rahlo pritisnite s hrbtno stranjo žlice. Kuhajte, dokler se jajca ne strdijo in dno omlet ne začne porjaveti, približno 2 minuti. Omlete obrnite z vrtalko za palačinke in pecite drugo stran še približno 1 minuto. Omlete preložimo na krožnik.

5. Na enak način skuhamo preostale omlete. Postrezite vroče ali pri sobni temperaturi.

Fritata z rikoto in bučnimi cvetovi

Frittata di Fiori in Ricotta

Za 4 porcije

Cvetovi bučk niso le lepi, ampak tudi okusni za uživanje – kar Italijani dobro vedo. Neko soboto sem imel veliko cvetov bučk na lokalni kmečki tržnici. Kupila sem nekaj za polnjenje in cvrtje, pa sem imela še veliko hrane, zato sem naredila to fritajo z ostanki cvetov. Bilo je nežno in okusno; Od takrat sem ga nekajkrat pripravil za malico.

Če nimate bučkinih cvetov, se lahko naredi tudi samo z rikoto.

2 žlici nesoljenega masla

6 bučk ali drugih bučkinih cvetov, oplaknjenih in osušenih

6 velikih jajc, pretepenih

eno/4 skodelice sveže naribanega parmigiano-reggiana

Sol in sveže mlet črni poper

1 skodelica rikote

eno. Stopite maslo v 9-palčni ponvi proti prijemanju na srednjem ognju. Bučkine cvetove položite v pekač z vetrnico.

2.V srednji skledi stepite jajca, parmigiano, sol in poper po okusu. Mešanico previdno prelijte po cvetovih, da jih ne motite. Po pladnju položimo žlico rikote. Dvignite stranice fritate, da lahko nekuhano jajce doseže površino ponve. Pecite, dokler se jajca ravno strdijo, vendar še vedno vlažna v sredini in fritaja na dnu rahlo porjavi, približno 5 do 10 minut.

3.Fritato potisnite na krožnik, nato pa ponev obrnite na krožnik. Hitro obrnite krožnik in ponev, da bo fritata pečena navzgor. Pecite, dokler se ravno ne strdi na sredini, še približno 5 minut. Ali pa, če raje ne obračate, potisnite ponev pod brojlerje za 3 do 5 minut ali dokler jajca niso ravno po okusu. Postrezite vroče ali pri sobni temperaturi.

Omletni trakovi s paradižnikovo omako

Fettuccine di Frittata

Za 4 porcije

brez testenin? Brez težav. Naredite tanko fritajo in jo narežite na trakove, da bodo podobni fetučini. Čeprav je v Italiji znana kot fettuccine di frittata, v Rimu to jed imenujejo trippe finte ali lažni vampi, ker pri takem kuhanju jajčni lističi spominjajo na notranjost. Postrezite za kosilo ali večerjo s poljubno zeleno zelenjavo ali sezonsko zeleno solato.

2 kozarca Sveža paradižnikova omaka oz Toskanska paradižnikova omaka

8 velikih jajc

$^{eno}/4$ skodelice sveže naribanega parmigiano-reggiana in več za serviranje

1 žlica sesekljanega svežega ploščatega peteršilja

1 čajna žlička soli

Sveže mleti črni poper

2 žlici nesoljenega masla

eno. Po potrebi pripravite paradižnikovo omako. Nato na sredino pečice postavite rešetko. Pečico segrejte na 400°F. Izdatno namastite pekač velikosti 13×9×2 palca.

2.V srednji skledi stepite jajca, 1/4 skodelice sira, peteršilj, sol in poper po okusu. Jajčno mešanico vlijemo v pripravljen pekač. Pecite 8 do 10 minut ali dokler se jajca ravno ne strdijo in nož, vstavljen v sredino, ne pride ven čist.

3.Z nožem potegnite po robu ponve. Obrnite jajca na desko za rezanje. Omleto narežite na 1/2-palčne trakove.

4.V 9-palčni ponvi s premazom proti prijemanju segrevajte omako na majhnem ognju, dokler ne zavre. V omako vtremo jajčne trakove. Med nežnim mešanjem kuhajte 2 do 3 minute. Postrezite vroče z naribanim cheddar sirom.

Olive Crumb Sea Bass

Branzino alle Olive

Za 4 porcije

Oljke rastejo v izobilju po vsej Toskani. Večina oljk se stisne za izdelavo olja, a kuharji imajo še vedno na voljo veliko okusnih oliv. Tu se posladkajo z drobtinami, potresenimi po fileju brancina.

¾ skodelice navadnih suhih drobtin, po možnosti domačih

eno/3 skodelice drobno sesekljanih črnih oliv

1 strok česna, drobno sesekljan

1 žlica sesekljanega svežega ploščatega peteršilja

1 čajna žlička naribane limonine lupinice

Sol

Sveže mleti črni poper

Približno 1/4 skodelice oljčnega olja

1 1/2 funta filejev brancina ali druge čvrste bele ribe, brez kože

eno. Na sredino pečice postavite rešetko. Pečico segrejte na 450°F. Namastimo velik pekač.

2.V skledo damo drobtine, olive, česen, peteršilj, limonino lupinico, ščepec soli in popra. Dodajte olivno olje in dobro premešajte.

3.Ribe razporedite v eno vrsto v pekač. Na fileje damo drobtine.

4.Pečemo 8 do 10 minut, odvisno od debeline ribe, oziroma dokler drobtine ne pozlatijo in riba skoraj neprozorna, ko jo prerežemo na najdebelejšem delu. Postrezite zdaj.

Gobovi brancin

Branzino alla Romana

Za 4 porcije

Vstavljanje okusnega nadeva med dva ribja fileja brez kosti je dober način, da dobite okus polnjene ribe, ne da bi se zmešali s kostmi. Uporabimo lahko kateri koli večji ribji file, na primer lososa, kirnje ali plave ribe. Izberite dva fileta podobne velikosti in oblike.

4 žlice oljčnega olja

3 zelene čebule, sesekljane

1 strok česna, sesekljan

8 unč belih gob, narezanih in sesekljanih

2 fileja inčunov, narezana na kocke

Sol in sveže mlet črni poper

eno/2 kozarca suhega belega vina

2 žlici sesekljanega svežega ploščatega peteršilja

2 žlici navadnih drobtin

Podobno 2 fileja brancina, kirnje ali modre ribe (približno 3/4 funta vsak), odstranjena koža

eno. Na sredino pečice postavite rešetko. Pečico segrejte na 400°F. Namastite pekač, ki je dovolj velik, da vanj položite zložene fileje.

2.V veliko ponev vzemite 3 žlice olja. Dodajte zeleno čebulo in česen ter kuhajte na srednjem ognju približno 5 minut, dokler se ne zmehčata. Vmešajte gobe, inčune ter sol in poper po okusu. Med občasnim mešanjem kuhamo 5 minut. Prilijemo vino in dušimo 15 minut oziroma dokler tekočina ne izhlapi. Odstavite z ognja in vmešajte peteršilj in drobtine.

3.V ponev položite en file s kožo navzdol.

4.Približno dve tretjini gobove mešanice razporedite po fileju v ponvi. Drugi file položite z licem navzdol in po vrhu porazdelite preostalo gobovo mešanico. Pokapljamo s preostalo žlico olja.

5.Pečemo 15 do 20 minut, odvisno od debeline, ali dokler riba ni komajda neprozorna, ko jo prerežemo na najdebelejšem delu. Postrezite toplo.

Kalkanski file z oljčno pasto in paradižnikom

Rombo z oljčnimi testeninami

Za 4 porcije

Velik kozarec paste iz črnih oliv in nekaj zrelih paradižnikov, prinesenih domov iz Italije, so me navdihnili, da sem se domislil tega okusnega recepta.

1 1/2 funta romba, brancina ali drugih debelih filejev bele ribe

2 žlici paste iz črnih oliv ali zelo drobno narezanih črnih oliv

2 srednje velika paradižnika, narezana

6 listov sveže bazilike, zvaljanih in prečno narezanih na tanke trakove

eno. Na sredino pečice postavite rešetko. Pečico segrejte na 450°F. Namastite dovolj velik pekač, da lahko držite fileje v eni plasti.

2. Fileje razporedite po pekaču v eni plasti. Fileje namažite z oljčno pasto. Po ribah potresemo paradižnik in baziliko.

3. Odvisno od debeline kuhajte 8 do 10 minut, dokler najdebelejši del ribe pri rezanju komajda postane neprozoren. Postrezite zdaj.

kuhana trska

Merluzzo alla Griglia

Za 4 porcije

Rdeči hlastač, kirnja in mahi-mahi so druge dobre možnosti za to osnovno ribo na žaru. Postrežem z njim<u>Krompirjev pire z olivami in peteršiljem</u>in<u>Fat in limonin brokoli</u>.

1 1/2 funta svežih filejev trske

3 žlice oljčnega olja

2 žlici rdečega vinskega kisa

2 stroka česna, narezana na tanke rezine

1 čajna žlička posušenega timijana, zdrobljenega

Sol in sveže mlet črni poper

2 žlici sesekljanega svežega ploščatega peteršilja

1 limona, narezana na rezine

eno. Brojlerja segrejte na visoko. Namastite dovolj velik pekač, da bodo ribe v eni plasti. Ribe položite v ponev.

2. Primešamo olje, kis, česen, timijan ter sol in poper po okusu. Z mešanico prelijemo ribje fileje. Potresemo s polovico peteršilja.

3. Ribo pečemo 8 do 10 minut, odvisno od debeline, ali dokler ni komaj neprozorna, ko odrežemo najdebelejši del. Potresemo s preostalim peteršiljem. Postrezite vroče z rezinami limone.

www.ingramcontent.com/pod-product-compliance
Lightning Source LLC
Chambersburg PA
CBHW050350120526
44590CB00015B/1639